剣と禅

剣と禅

大森曹玄 著

春秋社

剣 禅 一 致

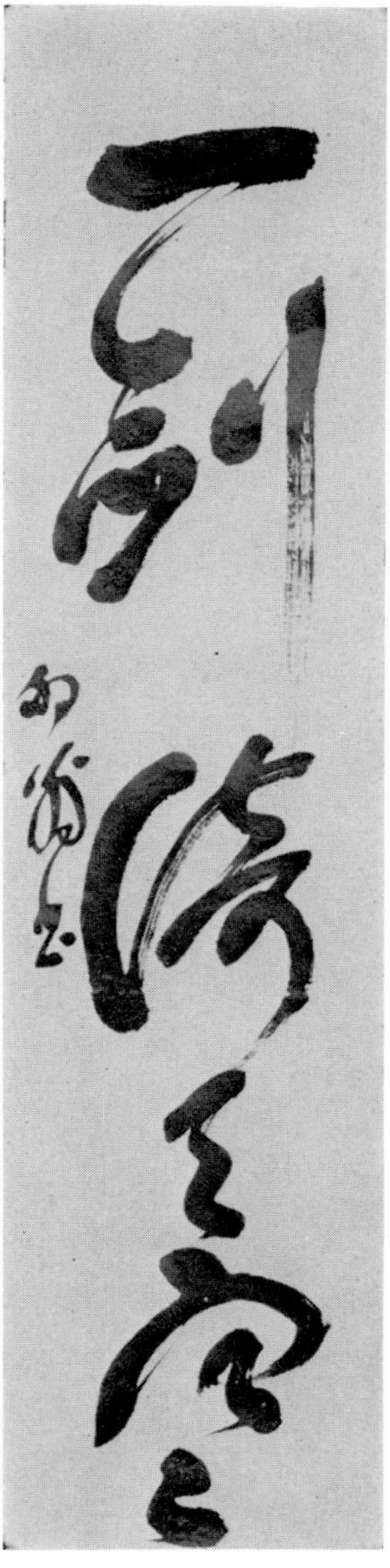

一劍倚天寒
的翁書
（大森曹玄）

百雑碎　玄道人書

はしがき

文明が行きづまりを示し、組織機構が人間を圧迫して、生活が息ぐるしくなるにつれて、いったい、人間はこんなことでいいのか、ということがつよく反省されてきます。このごろ全世界の心ある学者から禅が顧みられだしたのは、鈴木大拙博士の力に負うこと、もちろんでありますが、同時に人間復興のこの世界的要望に原因があるのではないかと思われます。

古人が「禅は諸道に通ず」といったのは、人間そのものの根拠によこたわる禅をみての発言であって、ただ単に我田引水的な宣伝用語ではなかったと思います。禅はたしかに仏教の一派とか、宗門の専売物として、一つの殼にとじこめておくべきものではありません。広く、深く、そして根源的に、人間とは何ぞやに答えるものとして、諸道の根底におかれるべきものであります。

そういう禅が、剣の上にどう現わされたかを見ようとするのが、本書の目的であります。

剣道は、その発達の跡をみればわかるように、武士が真の武士たるための必須の教養として学ばれたものであって、その主旨はあくまでも人間打成の心身学道という点にあったことは明らかであります。ただその技術が闘争の形態をとり、勝敗に関係しているので、ややもすれば殺伐に流れて、これを古人のいわゆる「凶器不祥」におとしいれるようなあやまちを犯しやすいのであります。しかし、それはどこまでも過誤であり、弊害であって、その本来の主旨ではありません。その流名をみてもわかるように、直心といい、神道といい、無敵といい、無念といい、天心というように、勝敗の両頭を超断し、人間本来の根源的な主体を剣のはたらきの上に発露して、自在を得ようとするのが剣の道というものであります。逆にいえば、剣の作用を凝視して、そこに流れでてくる人間という、この未知なるものをつかもうとする道であるといってもよいと思います。剣の道は殺し合いの術ではなくて、実に人間の道なのであります。ここに本質的に剣と禅とが一如なる理由があるのであって、かならずしも剣の妙を得るために禅の力を借りることを剣禅一致というのではないと思います。

わたくしはこのような立場から、ここに古来の名人を拉しきたって、その言動や著述の中から、客体的なものから主体的なものへ、抽象的なものから具体的なものへ、観念的精神から活動的人間へと掘り下げてきた刻苦の消息をうかがおうと試みました。ただ本書の内容が禅の面において少なく、剣人に重く偏しているという批難もでるかとも思いますが、それはもともと本稿が、禅三派の実参機関である月刊誌『大乗禅』に載せられたものだからであります。という意味は、禅に経験あり素養ある人々を対象として書かれたものでありますから、既知の禅のほうを軽くして、未知なるべき剣の世界に重きをおいて書いたということであります。それにしても、これはこれで一つの読みものとして読んでいただけるのではないかとうぬぼれて、とりまとめてみた次第であります。

幸いにして、次第に興隆の兆を示している剣道界に、平山子竜先生のいわゆる「武芸の地盤」のいかなるものであるかを提示し、あわせて宗門の古畳の上に空しく坐睡している禅に、一道の生気を吹きこみ得れば幸いであると、大それた野望もないではありません。

終りに、本書の刊行にあたってよせられた『大乗禅』主幹飯塚孝慈師および春秋社の葛生勘一氏のなみなみならぬ御厚情に対し、謹んで感謝の意を表する次第であります。

昭和四十一年の晩秋

大森曹玄

剣と禅 ――目次――

剣と禅

一　剣道の発達と宗教——生を明らめ死を明らめるは剣者一大事の因縁

1

剣と禅とは、むかしから親類のように考えられ、いつの頃からいいだされたものか知らないが、剣禅一如などという言葉もある。しかし、人殺しの術である剣と人を活かす道である禅とが、果たして一致するかどうかということは、厳密に考えればそう簡単に結論の出せる問題ではない。

先師、山田一徳斎先生（直心影流第十五世、昭和五年一月九日歿、年六十八）は、かつて次のようにいわれたことがある。

「自分が型を学んだ山田八郎先生が〝丸橋〟をつかってみせたところ、山岡鉄舟翁は〝剣道にも深遠ここに達するものがあったのか、剣道だけでここまで行ければ、かならずしも禅の力を借りる必要はない〟と讃嘆してやまなかったそうだ」と。しかし、鉄舟翁の学ばれた一刀流の組太刀には正五典というのがあり、その中の特に独妙剣などという型は、直心影流の丸橋に優るとも決して劣らない秘技であるのをみると、鉄舟翁が本当にこういわれたものとすれば、少々お世辞もまじっているのではないかとも思われる。

「丸橋」というのは、「直心影流伝解」に「元来不立文字に属する立禅の真体にして、動静一致の修道なり。故に無窮の道力を以って至精至大の神位を涵養す」とあって、直心影流最高の極意とされている。太刀数は五本あるが、一本も打ち合うところはない。すべて気合で相手を覆うて、相手の太刀を抑えて下ろす型ばかりである。一徳斎先生も「自分などは猿真似をするだけで、本当には使えるものではない」ともらされたが、事実「無窮の道力」があり「至精至大の神位」に達した人でなければ、おそらくこの型は使っても猿真似になってしまうものと思う。剣の修練だけで、この「丸橋」が完全に手に入るものならば、鉄舟翁のいわれたようにもちろん修禅の力を借りる必要は毛頭ないであろう。そのかぎりでは、剣と禅とはシャム兄弟のように背中をくっつけ合わせて一体になっている理由も、必要もないわけである。たしかに、剣道は禅の助けを借りなくても、剣道の修行だけでその堂奥に達し、人生の真実相に徹底できるはずである。ところが実際は、「丸橋」を編み出した流祖はいざ知らず、一徳斎先生ほどの人ですら本当には使えない——いいかえれば、丸橋の極意には容易に達し得られないということになると、これは一体どうしたらよいのであろうか。

その理由をたずねるために、いちど話を元にもどして、それでは剣道とは何であるか、ということをはっきりしておかなければ話にならないようである。

普通、剣道というとき、すぐわれわれの脳裡に浮かぶそれは、スポーツの一種としてのものだろうと思う。戦後にしない競技と呼ばれたようなものや、現在学校などで行なっているものなどがそれである。しかし、そういうものが頭に描かれているかぎり、剣禅一如などといえばおよそへそ茶ものであろう。

先師、山田一徳斎先生は『日本剣道史』の巻末に付けた剣道年表を、明治二十七年九月十一日、その師榊原鍵吉友善先生の歿された日で閉じている。そして「旧師歿して以後は、名の実に副はず、技の法に叶はざるもの多く、撃剣は熾んなるに似たるも、道術は破れたるに庶幾《ちか》し。是を想へば寧ろ此年を以て剣道の或世紀の終末と看做《みな》すの妥当なるかを疑ふ。今後幸に日本固有の剣道起りて筆を継ぐ者出でんことは、神明に禱《いの》つて、冀《こいねが》ふ所なり」と結んでいる。先生の眼には、鉄舟・鍵吉以後には剣道なしと映じたのである。

　もちろん鍵吉・鉄舟以後、果たして真の剣道がなかったかどうかは、見る人により、また剣道とは何かという内容の定めかたによって異なってくるだろう。けれども、鉄舟以前と以後とでは、剣道の目的に格段の差を生じてきていることは争えない事実である。殊に終戦後は、画然と区切りをつけられると思う。

　鉄舟以前の剣道は、明らかに生死を決し、勝敗を明らめるところの武道――別な言いかたをすれば、生死を越え、勝敗にかかわらない真の人間を完成する道としてのものであった。鉄舟以後においても、もちろんそういう見解が全く無くなったわけではないが、だんだんに体育的な方面が重視されてきたとはいえる。警察などでは武道としての面に重点が置かれているだろうが、学校剣道は体育、もしくは競技としての面に重きを置いている。第二次大戦の少し前から、学校剣道でも武道としての面が強調されはしたものの、しかしやはり大砲や飛行機の時代に剣道が果たして役に立つか、という疑念や批判が無いわけではなかった。

　さて、原子力時代といわれる今日ではどうであろうか。山田先生のいわれたように、いまや剣道における一大天才が出てきて「新たなる時期における、新たなる剣道」を生み出すべきときではないだろうか。

警察官の腰からサーベルは無くなったが、警棒が持たれている。その警棒の操作術として剣道の必要が認められるというのなら、剣道もはなはだつまらないものではないだろうか。

それなら、スポーツとしてはどうか。剣道は国体に出ているようだから、現在すでにスポーツとして公認されているのであろう。原子力時代には、原水爆が逆に抑制力になって、人類絶滅の危険のともなうような大戦争は容易に起こし得ないので、いきおい局地戦争になる可能性が多い。だから、剣道はかえって闘争術としてふたたび脚光を浴びるようにならないともかぎらないという議論も成り立つかもしれないが、実際上には問題にはならない。したがって、今後の剣道は結局スポーツとして立つ外ないことになる。

スポーツには、見るスポーツと行なうスポーツがある。剣道はもちろん後者であろう。見るスポーツとしても、工夫をほどこせば、集団的な競技方法などで相当おもしろいものになる可能性もないことはない。しかし、それにしても、興味という点では、野球やラグビーなどにとても及ぶものではあるまい。そこで、結局は行なうスポーツである。

ここで考えなければならぬことは、たといスポーツとして発展を計るとしても、徳川期に入ってから以後の名人達人が苦心をはらった点、一例を挙げれば、宮本武蔵などが三十歳の頃から気づき出し、齢五十にしてようやく達し得たとみずから述懐しているような点についての、深い配慮を忘れてはならぬということである。それは「道」の究明ということであり、「人間の完成」という点である。

剣道が勝敗、闘争の術から、どうして道にまで向上したかという問題は、剣道史上きわめて興味深い課題であるが、それは別の機会に論ずるとして、その理由のただ一つだけを挙げれば、それはつねに生死という人生最大の問題、極限状況に直面した場合を課題としつつ、これを決するにもっとも素朴な刀という一本の武器をもってしたことに関係がある。

スポーツとしての剣道では生死は問題にならないから、それは除くとして、それならば刀――それも竹刀によって道の体得、人間の完成ができるだろうか、私は方法如何によってはできると信ずるものである。

現在でも柔道家より剣道家のほうに人間のできた人がやや多いのは、そのことを証明するものではないだろうか。つまり柔道は肉体的自己を肯定し、自分の体力に頼る率の多い、いわゆる直接態であるのに反し、剣道は竹刀という自己ならざる他物の中に完全に没入しなければ技が行なえないので、いわば否定を媒介するから道に入りやすいのである。ただそれが日常万般にわたって自由に行なえず、竹刀をもち、道場に立ったときだけにかぎられるのは、やりかたが悪いからである。

一言にしていえば、自己ならざる三尺の竹刀を媒介して相手に対するとき、いやおうなしに自己の絶対否定が行なわれる。これが完全にできれば、竹刀修行でりっぱに道を体得し、人間を完成することができるはずである。それには修行者自身の心がけと、同時にそういう体験をもった、りっぱな指導者が必要である。スポーツとして生かそうと、闘争術として維持しようと、それはどちらでもかまわないが、もしこの根本の大事を忘れるならば、剣道は単なるササラ踊りに堕してしまうであろう。そしてこれほどつまらぬものはないことになる。

しかしいまここで、私が禅と対比して問題にしている剣道は、少なくともスポーツとしてのものではない。『常静子剣談』——常静子とは肥前平戸藩主松浦静山だろうと想定されている、文化七年の著述——で述べられている、次のようなものを対象としてものを言っているのである。

剣術の奥儀いかなる者と思はば、まづ我が平生の刀脇指のうちを抜きて、向に立てて、敵もこれを持来るよと、ひたと思ひて見るべし。

この場合、奥儀という文字を取除いて、剣術とはいかなるものと思わば、と読んでもらいたい。そうすると、剣術とは敵が抜き身の刀をもって自分に斬りかかってくることだ、ということになる。それは、竹刀で防具の一定の個所を一定のルールに従って打ったり突いたりして、勝った負けたといっているような競技ではないということである。一撃たちまち身首ところを異にする必死必殺の道、それが剣道だというわけなのである。

試みに古来の剣書から、四つ五つの定義らしいものをひろいあげてみよう。

運籌流剣術要領——剣術に於ては尚更生死のさかひに用ふる業なれば云々。

天狗芸術論——剣術は生死の際に用ふる術なり。

剣法略記——物学びは常に生死の分れを事として習はす。

剣説——夫れ剣術は敵を殺伐する事なり。

猫の妙術——夫れ剣術は専ら人に勝つ事を努むるにあらず、大変に臨みて生死を明かにするの術也。

卜伝百首——もののふの学ぶ教へはおしなべて、その極みには死の一つなり。

その他、数えあげれば際限もないが、大体大同小異のようである。

これをもって見てもわかるように、剣の道は生死の一大事につながる重大な業、ないしは道と考えられている。したがって「剣術とは生死を決するの道」というのが、古来の一致した定義だと見てさしつかえないと思う。これは、平和が人生の第一原理だと考えている現代人の好みにはおそらく合わないであろう。けれども、少なくとも明治維新前までの剣者は、つねに生死の巌頭に立ち、朝夕、いのちのぎりぎりのところを見つめつつ剣技を練ったのである。ここでは剣道をこのように古来の定義に従って、「生死決定の道」と規定しておくことにしよう。

ところで、道元禅師が「生を明め死を明むるは仏家一大事の因縁なり」といわれたように、禅が生死決定を第一義とすることはいまさらいうだけ野暮である。とすれば、「生死を以て二つにせず」（天狗芸術論）、「死に有ては死の道を尽し、生に在ては生の道を尽す」（剣術不識篇）ところの生死を決し、生死を明らめる剣の道と禅の道と、どこに相違するところがあろうか。だからこそ剣禅一如という言葉もでてくるわけだし、また一般に、剣は剣刃上における禅であり、禅は心法上における剣だともいわれるわけであろう。そうなると、剣禅は一如どころか「即」になってしまう。シャム兄弟ではなくて、本来同一人だということになる。

もちろん、一方は心法上の解脱の道、他方は剣刃上での遊戯三昧の行という、絶対に異なった面のあることも争えない事実である。この相違の面からいえば剣道は禅ではないのだから、純粋に剣技を練るだけでその奥儀に達しられなければならないはずである。ところが、いまいう通り、両刃鋒を交えるところは即ち一息切断の地であって、そこは生きるか死ぬかのぎりぎりの場なのである。山岡鉄舟翁が門人を指導するのに「剣術の達人になるには、生の執着を断ち切る修練が何よりも肝要だ」とさとしたというように、生死のきずなを断ちきって生死を越えたいのちの根源を明らかにしなければ、とても剣刃上に遊戯三昧を行ずることなどはできるものではない。一大事に当面して少しのたじろぎも見せず、生死悠々として武士の本分を果たすためには、どうしてもいのちの根源を明らめ、生死を越えた絶対的な世界に到る必要がある。剣道が剣刃上の禅だといわれる所以はそこにある。ここに、どうしても禅と親戚にならざるを得ない剣の宿命、あるいは必然性があるわけである。剣道を生死決定の道として把握するかぎり、いのちの根源についての悟徹がなければその極致には達せられず、したがって、そこに至らないものの使う「丸橋」は、ひっきょう木剣を並べるという猿芝居にすぎなくなる。丸橋が「立禅の真体」といわれ、また容易に到達できないものと考えられた理由も、かくて、うなずくことができるであろう。

2

先師、山田一徳斎先生に『日本剣道史』の名著のあることは、いやしくも剣に心をよせるものや、大衆作家の間にはあまねく知られた事実である。私は青年の頃、不遜にもその先師の名著に不備の点があると考えた。つまり内面的な必然性の叙述が欠けていると思ったので、その点を補おうと大それた野望を起こし、剣道史の研究に熱中したことがあった。そのとき私の到達した結論は、完全な剣道史は人間のもつあらゆる文化の領域にわたっての総合的な研究と理解がなければ、とても書けるものでないということであった。たとえば、刀の反《そ》り一つでも、その頃の戦闘の様式を調べなければならず、またその様式を生み出した社会の状態を研究しなければわからないし、あるいは国際情勢も必要になってくる。そんなわけで、私の一生ではとてもおぼつかないので、ついに筆を折った次第である。

しかし、その中途半端な研究でも、省みて全く無益だったとは思われない。一つ二つの発見というか多少の収穫もあった。その一つを挙げれば、剣道の発達過程は宗教史に似ている、ということの発見である。あるいは他にもその点を指摘している人があるかもしれないが、私としては二十五、六年前にこれに気づいて、断片的にはこれまでも随分、筆や口にしてきたことである。それとて考えてみれば、実は何でもない、あたりまえのことなのである。種をわってしまえば、結局は両者とも死の恐怖、生の不安からいかにして脱却するか、というところから生まれ、またはその線に添って発達してきたと考えられるからである。

わたくしも禅僧の一人であるが、中年坊主の悲しさに宗教史などを系統的に勉強していないので大きなことはいえないが、さしあたり手に入りやすいレヴィ・ブリユールの『未開社会の思惟』とか、W・K・ライトの『宗教思想史』、デュルケムの『宗教生活の原初形態』などや、そのほか日本の学者の著書などをひっくり返してみると、宗教の発生については、大体同じような見解が述べられている。

それによると、宗教とは人間が自己の限りある生命と、その能力の弱少なことに気づいて、その有限の生命と微弱な能力以上に、何らかの無限にして絶大な力をもつものの存在を信じ、これと結びつこうとする心理の個人的または社会的発表である、というような見解においては大同小異で、ほぼ一致しているようである。そのような心理から、原始社会においては、宗教はまず原始的な社会規範として発生したといわれる。いわゆるデーモン（ギリシャ古代の神、キリスト教徒はこれを悪魔とする）から人間を守るものとしてのタブーやマジック、あるいはトーテムなどがそれである。トーテムは東洋にはまれで、日本に至っては全くないといわれているが、しかし八咫烏が賀茂氏の祖神であることや、あるいは太陽トーテムだと見られる、太陽崇拝のあったこと、また、アイヌの熊祭りなどの現象から見て、日本にもあったとする学者（たとえば加藤玄智博士）もないこともない。原子力時代といわれるまでに科学の発達した今日でも、毎年やってくる台風の前には手のほどこしようもなく、だらしなくもおびえている始末である。ましてや、未開社会の人間が悪魔や自然の絶大な威力の前におびえおののいて、人間以上の存在の加被力《かびりき》をこうむろうとすることは、宗教の原初形態としてはいずれの民族にもあったというほうが、むしろ人情の自然ではないかと思われる。私はそれと同じ現象が剣道にもあったと考えるのである。

剣道がいつから発生したかは、にわかに断定しがたいが、古事記、日本書紀などに開巻劈頭から剣の話が出ているのを見ても、剣があれば当然これを使う方法が、たとい幼稚なものにもせよ、必ずあったはずである。したがって、剣道の歴史はきわめて古いことと思われる。『本朝武芸小伝』には、「武甕槌命《たけみかずちのみこと》、経津主命《ふつぬしのみこと》、十握剣《とつかのつるぎ》を抜いてさかしまに地に植ゑ、その鋒端に踞するの神術に始まる」とある。『武術系譜略』もその説を採っている。つまり、剣の道は遠く神代の昔すでに存在したということである。ただ『撃剣叢談』にいうように「我国剣術の原始を考ふるに、桓武帝の御時より武芸の名は聞えたれど、一々名を分たざれば、剣術の古代よりありし証に引くべきにもあらず」で、結局のところ「唯流の名の古く聞えたるは影の流に及ぶべからず」ということになる。その影の流、すなわち陰《かげ》流を愛洲《あいす》移香が起こしたのは長享（長享元年は一四八七年）乃至天文年間（天文元年は一五三二年）のことだから、今日剣術とか剣道とか呼ばれているような、形のととのった教習法が完成したのは、その頃からだと見るのが妥当であろう。いずれにしても、源平時代から足利期にかけての長い戦乱の経験が積み重ねられて、勝敗の理法が考えられ、その理を基として教習法が工夫され、そこに剣術流派が発生したものと考えられる。もっとも早い流派は、正平年間（正平元年は一三四六年）に常陸小田城主小田孝朝（一四一四歿）のあみ出した小田流、応永年間（応永元年は一三九四年）に中条長秀の創始した中条流などであるが、一般的には『撃剣叢談』の著者のいうように、西の陰流（長享）と、東の天真正伝神道流（文明）であろう。

小田孝朝にしても中条長秀にしても、いずれも神仏に祈願して極意を授けられたといっているが、おもしろいことに、陰流の始祖愛洲移香は日向鵜戸明神に祈って怪蜘蛛に秘術を授かり、その子の小七郎は常陸の真弓山でそこの神猿に授けられたことになっている。また、天真正伝神道流は、流祖飯《いい》篠《しの》長威斎（家直。一四八八歿）が鹿伏兎《かぶと》刑部少輔に学んだのだが、刑部は天真正という河童に授けられたということである。その他、天狗に授けられたとか、老白狐に授けられたとか、これに類する説話は枚挙にいとまがない。

これについて『剣道の発達』の著者（下川潮氏）は同書中に特に「剣道の流祖の見神悟道の伝説と其解釈」という一節を設けて「一撃の下に生死を決すべき運剣其他の妙技の錬磨を業とする武術家に敬神崇仏の念深く、従て又其奥秘の成就《じょうじゅ》徹底を神仏に祈願して其目的を達するもの多きも亦た怪むに足らざるなり」と述べ、しかしまた、それら「各武道家の奇蹟的伝説は悉くこれを史実として取扱ひ得べきやと云ふに、余輩はこれに対して直ちに然りと答ふるを憚ると同時に、一言の下にそのすべてが悉く否らずと断定するもまた早計なりと信ずるものなり」としている。そして井沢蟠竜（一七三〇歿、年六十三）が『武士訓』の中で、武術家が神仏に祈って奥秘を得たというのは「愚昧をたぶらかし、米銭をむさぼるはかりごとをなす、にくむべきのはなはだしきなり」と書いているところを引用して、全部がそうだとするのは過言であるといい、むろん中には幻覚的神仏の出現を見たものもあったろうが、真正の見性悟道を得たものもあるといっている。まず妥当な見方だと思う。

私はトーテム信仰を拡張して、それらをことごとくトーテミズムのわくにはめこむつもりはないが、しかし前にもいうように、全生命を三尺の剣に託して戦うとき、自分には人間以上のものの加被力があると信ずる、または信じたいという心理になるのに不思議はないと考えるものである。旗指物《はたさしもの》に猛獣などを描くのも同一心理だと思う。とにかく流祖が超人間的威力の持ち主から極意を授かったとする共通の現象は、宗教の発達の道すじと照らし合わせてみると、そこには両者に共通するものがあるようで、興味ふかく感じられる。この現象は決して看過すべきではないと思う。

それが時代と技術とが進むにつれて、その客体的威力への信頼、依存の度合がだんだんと薄くなり、逆に剣を使う主体への反省がつよく表面に出てくる。

上泉《こうずみ》伊勢守（一五七三歿）などは「火炎の中に飛入、磐石の下に敷かれても滅せぬ心こそ、心と頼むあるじなれ」といったり、また「われとわが心の月を曇らして、よその光を求めぬるかな」とも詠じているし、同時代の塚原卜伝（一五七二歿）にも有名な「卜伝百首」があって、「学びぬる心にわざの迷ひてや、わざの心のまた迷ふらむ」などと、主体への反省が強くにじみ出ている。

それがさらに下って戦国末期から江戸幕府の初期になると、宮本武蔵（一六四五歿、年六十二）に代表されるように「神仏を尊んで神仏に頼らず」というように、人間主体を尊重する色彩がつよくなってくる。この期の剣者は自性とか心法とかを重視し、剣の根源をそこに見出し、その根源からおのずからわき出てくる人格活動の神妙さを剣の道とするようになってくる。宮本武蔵の巌の身、柳生流の西江水、針谷《はりがや》夕雲の無住心、辻月丹の一法無外、坂口勝清の発性、神谷伝心斎の直心、等々はこの期における剣者がいのちの根源を直指し、生死を覚証したその悟境の表出に外ならない。剣の道はここにおいて完成したといえる（*都治ともいう）。

剣の発展の跡を大まかながらこのように点検してみると、客体的な威力への依存から主体的なものへ、さらにその主体的なものも鈴木大拙博士が禅思想の発展を跡づけているのによく似た変遷があると思う。試みに鈴木博士の『臨済の基本思想』から摘記してみると次のようである。

達磨所伝の心無心は、慧能に至りて見性となった。そしてここで明確に禅思想史上に一転機を劃した。神会は「知の一字衆妙の門」と云って、慧能の見を知に換えた。また一見識たるを失わぬ。馬祖に至りて用が唱えられた。馬祖の禅は大機大用の禅となった。臨済は更に一転した、見と知と用とを総合して人となした。人は甚だ示唆に富んだ概念である。

これは剣のほうでもいえることで、たとえば伊藤一刀斎の一刀から、山岡鉄舟の無刀に至る掘り下げ、あるいは直心影流の神谷伝心斎の直心から男谷下総守の君子への展開等と比較検討してみると、ここにも剣、禅の親近性があって、すこぶるおもしろい。両者とも人間のいのちそのものを真剣にみつめて、その根源へ根源へと掘り下げてきたものであることを思えば、この親近性もむしろ当然のこととしてうなずかれるはずである。しかし禅も剣も、その原始時代は別として、実用の時代からだんだん教養、たしなみの時代に入るとともに、その形態や組織は完成してくるが、同時にいわゆる華法彩形といわれる武士の装飾品に堕落してきたことも否めない事実であろう。剣が単なるスポーツになり、禅がわずかに健康法ないしは精神的あんまになったのでは、発展というよりは世も末というの外はないであろう。

二　夢想剣——一刀斎と絶対現在

1

足利末期の剣者として特筆すべきものに伊藤一刀斎がある。かれは通称を弥五郎と呼び、伊豆の人とも関西の生まれともいわれ、生国も死処も明らかでないが、身のたけは群を抜き、眼光は炯々として、いつもふさふさとした惣髪《そうはつ》をなでつけ、ちょっと見ると山伏かなにかのような風態で、実に堂々とした偉丈夫だったという。はじめ鐘捲《かねまき》自斎について中条流の小太刀と、自斎が発明した鐘捲流の中太刀を学び、両方ともその奥儀を極めたうえ、さらに諸国を遍歴修行して諸流の極意をさぐり、また有名な剣客と仕合をすること三十三度、そのうち真剣での勝負が七回で、一回も敗れたことがなかったという。それらの体験から一刀流を創始したが、老年になってから秘訣を御子上《みこがみ》典膳に授け、自身は仏道に帰依して行衛を晦《くら》ましてしまったので、一層その人物が神秘化されている。一説には、一刀斎が徳川家の師範に御子上典膳を推挙したのを、船頭から取り立てた高弟の善鬼が怨みをいだいて憤激したので、両人を立ち合わせて勝ったほうに仕官を斡旋することにした。結局、悪弟子の善鬼は敗けて死に、典膳が小野次郎右衛門と改名して将軍の師範になったのだが、それ以来一刀斎は剣に望みを断って仏門に入り、諸国の霊場を回遊したのだともいう。

かれがまだ鬼夜叉と呼ばれた青年のころ、ある日、師の鐘捲自斎に向かってこういったものである。

「先生、わたくしは剣の妙機を自得しました」

これを聞いた自斎は大いに怒って「未熟者が何をいうか」とののしったが、かれは平然として、

「しかし先生、妙とは心の妙である以上、自分みずから悟る外はないではありませんか。決して、師から伝えられるものではないと思います」

と抗弁して一歩もゆずらなかった。こんな押し問答がなんべんか繰り返されたのち、それではというので師弟の間で技をたたかわせることになった。ところが師の自斎は三度たたかって三度とも敗れてしまったので、大いに驚いてそのわけを聞くと、かれはいわく、

「人は睡っている間でも、足のかゆいのに頭をかく馬鹿はありません。人間には自然にそういうはたらきをする機能が具わっているのです。その機能を完全にはたらかせることが剣の妙機というものだと思います。先生が私を打とうとされるとき、先生の心は虚になっています。それに反し、わたくしはいま申したような自然の機能《はたらき》で危害をふせぎますから実です。実をもって虚に対すれば勝つのは当然でしょう」

そう説明されてみれば、いかにも当然の理窟なので、自斎もうなずくほかはなかった。

この「睡中かゆきをなづ」という言葉は、千葉周作の『剣法秘訣』の中にもあったと記憶するが、鏡が物体を写すような無心のはたらきを表わす言葉として、古来の剣客が好んで用いたものかもしれない。

その後、一刀斎は、剣の妙旨を授けてもらうべく、鎌倉の鶴岡八幡宮に祈ったことがある。三七二

十一日の間、至誠をかたむけて参籠精進したが、ついに期待したような奇蹟は現われなかった。満願の日になっても、依然として神示はなかった。失望したかれは、自分の誠心の足らぬためかと、悄然として拝殿を降りて帰りかけた。そのとき、物蔭に黒い影がチラリと動く気配が感じられた。途端に、あたかも睡中にかゆいところをなでるように、無意識の間に手が動き、刀が鞘走ってその影を斬りすてていた。いや影を見た――というよりは感じたのと、斬ったのとがほとんど同時といってよいほどに間髪を容れない心・手一如の速さだった。かれは振り向きもせずその場を立ち去ったが、後年その出来事を回顧して「あれこそ自分が八幡宮に祈って得られなかった夢想の場である」と気づき、その時の体験を組織して夢想剣と名づけたと伝えられている。この話の真実性は疑わしいともいわれているが、その内容には否定しがたい剣禅の妙機がふくまれている。

このときの一刀斎のはたらきを分析してみれば、(一)黒い影がチラリと動くのを直観的に感知し、(二)その黒い影は自分に危害を加えようとする敵だと瞬間に判断(思惟)したので、(三)すばやく太刀を抜いて斬るという行為に出た、ということになるであろう。その直感、思惟、行為の三つが何のズレもなく、一刹那の間に即一的に行なわれたのである。もちろんこれには剣技が反射作用的に無意識的に発揮できるまでに、千錬万鍛されていなければならないことはいうまでもないが、同時に一刀流の言葉でいえば、無念にして対者の想を写しとるところの「水月移写」という、心境の錬磨が十分にできていなければなし得ないはずである。水月移写ということについて『一刀斎先生剣法書』には「月、無心にして水に移り、水、無念にして月を写す、内に邪を生ぜざれば、事よく外に正し」と説明している。この対象を正しくハッキリと写しとる作用がないならば、それは猛獣の餌をとるときのような動物的行為――盲打ちになってしまって、人間の道としての剣道とはいえない。ただ速いのが剣の道ではあるまい。

有名な沢庵和尚の『不動智神妙録』に、この場合借用するのに適切な言葉がある。「たとへば何右衛門と呼びかくるに、をっと答ふる心を不動智と申候。右衛門と呼ばれて何の用にてか有らんなどと思案して後に、何の用などと言ふは住地煩悩にて候」「又、右衛門と呼ばれて、をっと答ふるは、諸仏の智なり」とある。

一刀斎がもし黒い影に対して「何ものか」などと分別心を起こして、瞬間でもその対象に心を止めたら、それは沢庵のいわゆる住地煩悩というもので、直感と行為とが離ればなれになってしまって、おそらく敵に斬られていたであろう。そこを「右衛門と呼ばれ、をっと答ふる」ような調子で、無分別の分別とでもいうべき「諸仏の智」をはたらかしたからこそ、直感、思惟、行為が三即一的に、前後を際断した絶対の現在において全体作用することができたのである。剣の錬り処は、この夢想の場をおいてはほかにない。これは必ずしも敵に相対したとき、あるいは道場で竹刀をとって打合いをするときばかりのことではない。行住坐臥、随在随所、どこでもかしこでも、ほんのすこしの間でもここにおいてするものが剣の道でもあれば、禅のはたらきでもある。

先師山田一徳斎先生が、まだ榊原鍵吉先生の門下生として修行中のこと、一日、大雪の降る中を先生のお伴をして九段坂上にさしかかったとき、どうしたハズミか榊原先生の足駄の鼻緒がプツリと切れた。さすがの剣豪もこの不意打ちには身をかわす間もなく、横倒しにドッと投げ出された、と見えた一刹那、ヌッと片腕をのばして倒れんとする師の巨軀を支えたのが、お伴の山田次朗吉であった。

しかも一方の手ですばやく自分の下駄をとって、榊原先生の足の下にさしこんだ。有名な頑固者の榊原先生もこの石火のはたらきには辞する余裕もなく、ノメル足を弟子の下駄の上でふみこたえるほかはなかった。このときの気合、間髪を容れざる動作、これこそ剣の至極であるとして、そのことがすぐれた剣技とともに、のちに山田先生が直心影流十五世の的伝者となる一因をなしたのである。

このように前後を際断して、絶対現在になりきり、そこに全生命力を最高度に発揮する剣境を、辻月丹の無外流では「玉簾不断」と呼んでいる。玉簾とはいうまでもなく滝のことである。滝は一条の連続した水流のように見えるが、実は一滴一滴断絶した水滴の重なり合ったものである。その一滴一滴を充実することによって、はじめて連続不断の瀑流が成り立つのである。白隠和尚が正念相続とは、数珠玉の一顆一顆になりきることで、それに通してある紐のようにのべつまくなしになることではない、という意味のことをいっているのも、思い合わされて興味深いものがある。

剣と禅とはここでも一致するようである。

2

道元禅師は『正法眼蔵有時』において「いはゆる有時は、時すでにこれ有なり、有はみな時なり」と喝破している。「有時」とは〝あるとき〟ではなく、有とは存在という意味であるから「有時」で、存在と時間の同一ということになる。常識的に考えられているように、時間というものは、それ自身としてわれわれの外部に、別個に存在しているものではない。「有」すなわち存在に帯同しているのである。ものが古くなったり滅したりすることは、ものが動いていること、すなわち時間的だということである。存在を離れた時間もなければ、時間を離れた存在もない。「時すでにこれ有なり、有はみな時なり」といわれるゆえんである。しかもこれは道元禅師によれば、さらに進んで「この尽界の頭々物々を時々なりと覰見《しょけん》すべし。物々の相礙《あいげ》せざるは、時々の相礙せざるがごとし。このゆゑに同時発心あり、同心発時あり、及び修行成道もかくのごとし。われを排列して、われこれをみるなり。自己の時なる道理、それかくのごとし」ということになる。「尽界の頭々物々」とは、この世にあるかぎりの、あれもこれもみな時間の相《すがた》と見よということで、そう見ぬけばすべての存在が甲と乙との間に少しも衝突がなく、みなそれぞれ独立自由であるのは、一時が二時になり、二時が三時になるのと同じ道理である。それならば、心と時間の関係も「同時発心、同心発時」で、当然に同じことになる。このようにして天地は同根、万物は一体とわかってみれば、一切は「われを排列してわれこれをみる」ということになる。つまり、われがわれを見るということになる。そういうわけだから、われのほかに時間なく、時間のほかにわれはない。よくわれを見るとき時間を知り、よく時間を見るときわれを知ることができる。「排列」というのは並べることであるが、山は高く海は深い、それがわれの排列した相《すがた》である。このような「自己の時なる道理」——絶対現在における自己を、しかと自覚したら見性といってよいであろう。

時間論は哲学上のむずかしい理論だときいているが、いのちそのものを凝視することが専門の禅ではすこぶる簡明である。道元禅師は理論的だから田辺博士にとっても資料価値があると見え『正法眼蔵哲学私観』の論策にもなるが、臨済禅師となると、この道理を端的に「即今、目前、聴法底」と、一言で喝破しているから、簡明ではあるがそれだけにかえって壁立万仭でよりつきにくい。いまという時間、ここという空間、その時間空間と即一的にかく行為するもの、これ何者ぞと参究し、活捉するのが禅である。禅とは畢竟、存在と時間の同一性を看破し、それを「即今、目前、聴法底」と、随在随所に活現することにほかならないともいえるであろう。

普通には、時間は過去、現在、未来に分けて考えられている。哲学的な理論はさておき、常識的にいえば、過去は既に過ぎ去って現実にはない時間であり、未来は文字通り未だ来たらざる時間だから、これまた現実ではない。現実にわれわれの自己がかく在るのは、現在という時間のほかにないといえる。いつになってもわれわれの当面している時は今しかない。しからば、その現在とは？　とこれを追求すれば、古人も詠嘆しているように「いまといふいまなる時はなかりけりまの時くればいの時は去る」で、現在もまたついに不可得というほかはない。その意味では、今は時間を超越して永遠に存在する――あるいは時間を超越するから永遠の現在というほかはない。

われわれはいつまでもいま、ここに生きるほかはないが、しかし右の古歌のように、いまというその瞬間にわれわれの片足はもう未来の領分に一歩踏み込んでいると同時に、他の片足はすでに過去に踏み捨てられているわけである。とすれば、確実にあるものは過去と未来だけだともいえるわけである。この場合は、現在とは、時が過去から未来に転じ、未来から過去に点ずる転回点として存在し、しかも存在しないものといわざるを得ない。現在は幾何学の点のようなもので、位置のみあって大きさも重さもないといわれるのはそのためである。

しかしさきにいう通り、われわれはいつも現在に生きている。その意味ではわれわれには永遠に現在があるばかりである。過去は過ぎ去り、未来は未だ来たらず、畢竟過去も未来も現実にはないのである。哲学者が過去および未来という有は、現在という無によって統一され、永遠の今として存在する、と語っている時の構造なるものは、そのようなものであろう。

時の構造がそのようなものであり、そして道元禅師のいうように「有はみな時」であり「尽界の頭頭物々」そのものが時であるとすれば、現在は実に無にして有を統一するもので、一切の存在即時間がそこに消え、そこから生まれる一点であるといわなければならない。古人がいまこそは天地の始源であると喝破した言葉に、深い真理の存することを思わざるを得ない次第である。

道元禅師はまた「今日より今日に経歴す」ともいっているが、経験的には過去を負い未来をふくむ現在、体験的には前後際断の絶対現在、われわれの真生命はそこにのみ活溌溌地に活きているのである。焦点を過去におくところの反省的といわれる生活態度も、未来の可能性を展望してそこに重きをおく理想的態度も、それぞれの時と所によって必要ではあるが、少なくともそれらは反省的とか理想的とかいう言葉の示すように、考えられた立場であって、現実に生命がピチピチと躍動して活きている場ではない。卑近な言葉でいうならば、われわれは生命を過去に託して活きているわけでもなければ、未来に預けて生きているわけでもない。即今・目前、茶に逢うては茶を喫し、飯に逢うては飯を喫しているのである。

禅は過去という死んだ時の中に、生命の亡骸《なきがら》を反省することでもなければ、未来という幽霊の中に生命を模索することでもあるまい。即今・目前、いま、ここに全生命を完全燃焼させて、時ぎり、場ぎりに全体作用するものが禅だとわたくしは信じている。しかも前後を際断した現在は、現在でありながら時を越えている。したがって、過去と未来とを切って捨てるとき、かえっていわゆる「三世古今、始終当念を離れず」という言葉のように、対立を絶した永遠なるものに当面するのである。

伊藤一刀斎の夢想剣は、そのような絶対現在においての、灼熱の焔がかえって目に見えないような高度の生命の燃焼ではないだろうか。山田一徳斎の下駄も、回転の極点にある独楽《こま》があたかも静止して見えるような、動きの痕跡だに見せない絶対現在における至動であると思う。いま・ここに、時間を越え空間を絶して全体作用するものが禅だというならば、この両者の剣は正に禅そのものといってさしつかえないであろう。

ある人が、マジメという言葉を解して「間締《まじ》め」、すなわち二つのものの「間」を「締め」ることだといっているのはおもしろい。それには（一）身のマの伸びているのを引キシメて緊張させる。（二）心のマの伸びているのを引キシメて緊張させる。（三）心と身とのマをシメて心身一致させる、の三つの場合がある。そして全身全霊を挙げて全能力を発揮するのがマジメ、間締めすなわち真実ということであり、その当体をマコトと称するのだといっているが（秦真次著『マコトの道』）、それを禅の言葉でいえば、三昧ということになるであろう。三昧とか心身一如とかは禅者の口癖であるけれども、実際は右の（二）のマジメぐらいのところがせいぜいで、とても（三）まで行っていないのが多いのではないだろうか。禅者よりも剣者の境界が優っているというつもりは決してないが、剣者は（三）の心身即一の行動ができなければ、身首たちまち所を異にするのである。平生の稽古でも、心身即一しなければその隙をきっと打たれるにちがいない。それだけにただ観念的に心身一如を語っているだけではすまされないから、事ははなはだ現実的である。一刀斎の場合でも、心に感じたとき、直ちに身体がそれと即応した行動をしていたし、一徳斎の場合でもそうであった。何右衛門、をっ、は観念だけでは駄目である。「をっ」と応ずるときには、それに即した脱落心身的行為が伴っていなければ禅にも剣にもならない。

3

わたくしはここで「国師三喚」の公案を思い出さざるを得ない。

昔、中国に、南陽の慧忠《えちゅう》国師（七七五寂）という六祖慧能《えのう》の法を嗣いだ偉い禅僧があった。あるとき、急に何か用事でも思いついたのか、侍者の耽源《たんげん》応真を呼んだ。

「おうしん！」

「ハイッ」

耽源は取りあえずこう答えて、師が用件をいい出されるのを待っていると、国師にはその返事が聞こえなかったのであろうか、再び大声をあげて、

「おうしんッ！」

と呼んだ。耽源はまた、

「ハイッ」

と答えるほかはなかった。こうして三度呼ばれて、三度ハイと答えたということである。

これは一体どんなことだろうか、というのが『無門関』第十七則の「国師三喚」という公案である。

これについて紀平正美博士は、その著『無門関解釈』で次のように説明している。

それで此の三喚三応を、論理的の形式でいふならば、第一のハイは只の侍者としての人倫的の規

定より出づるものであるが、第二のハイは疑ひによる媒介である、分析である。侍者が侍者としての位置を大きく拡張して師に対立し、もう師も主人もない、平等一味の態である。然るに第三のハイは此等を止揚しての、更に具体的のハイで、侍者が充分に主たる位置を取った、最早動かぬ位置に安住した態である。

博士は、このように得意の弁証法で解釈をほどこした上で、三の数の意義を強調されるのだが、確かにおもしろい一つの見方だと思う。博士は晩年「なるほどの哲学」という立場を開かれたが、まず一つの事柄が両項に分割され、次にそれが総合され、なるほどと肯定されるところに「成る」のが弁証法というものだとすれば、この公案も弁証法的構造をもっている。ただここで問題になるのは、国師がもし二度しか呼ばなかったらどうだろうか、あるいは四度も五度もつづけざまに呼んだとしたらどうだろうか、ということである。『無門関』には幸いに三喚と書かれているから弁証法的解釈も成り立つし、成るほどの哲学も当てはめられるが、国師は何も三の数の意義を悟らせるために弟子を呼んだわけでもあるまいから、この公案で禅の弁証法的性格や論理形式を云々するのはどういうものだろうか。

いまこの師弟のやりとりを剣の上から見たらどうだろう。たたみかけて斬りつける太刀を、弁証法的応対をしていたのでは、なるほどとわかるころには、おそらく「斬って三段となす」ということになって、元も子も失って死んでいるだろう。

もっとも剣のほうにも「三の数」という、いわば勝の理合いについての弁証法的構造がないでもない。有名な柳生十兵衛三厳《みつよし》の創始した「後の先」の勝がそれである。

柳生流は正確には新陰流と呼ぶべきだが、この陰流の系統の諸派は、その名の示すように「未だ動作に現はさず、只心の内に思ひ定めし其刹那、恰も水が月の影を移すの速かなるが如く、直ちに我心に敵の心即ち影をうつして之に対して勝を制する」（下川潮氏『剣道の発達』）のであって、ちょうど光がさすのと陰を生ずるのとは同時だという、禅的にいえば啐啄《そつたく》同時の剣である。形の上でいうならば、俗にいう相打ちがそれである。『柳生流新秘抄』に「太刀のぴかりとする所へ、初一念を直ぐに打込む」だけだと教えているように、敵を斬ると同時に自分もまた敵刀に倒れる決意で、相手の拍子に合わせてその太刀に乗るとか、切り落とすとかして勝を得る、先々の勝の相打ち主義が新陰流本来の教えである。それが江戸柳生二代、十兵衛三厳に至って敵の働きを柔らかく受けて勝つ「三の数」の勝という新機軸を打ち出したものである。すなわち、一が敵の動き、二がそれを受ける我の動き、三が斬り返して後の先を取る我の動きである。これは和やかで華やかなかわりに受身の業だから、だんだん技巧的な華法に流れ、生彩のない形式に堕してしまうきらいがある。のちの江戸柳生の低調の原因はそこにあった。

禅でも剣でも知的自己の立場で「理解」しようとすると、どうしてもこのように弁証法的になりやすいようである。

「おうしん！」

「ハイッ」

「おうしんっ」

「ハイッ！」（暑いのにうるさいおやじだ、二度も呼んで、ハテなんの用だろう）

「おうしんッ」

「ハイッ！」（アッわかった！　暑いから冷奴でビールを、というわけだナ。ナールほど）

これでなるほどの哲学にはなるかも知れないが、禅にもならなければ、公案にも値しないだろう。もちろん生死ぎりぎりの場である剣の道になりっこはない。

4

平戸藩主松浦静山候は、剣名を常静子と号し、心形刀流の達人で、大名の剣としては古今に秀出するといわれた人である。かれはその著『剣談』で、『曲礼《きょくらい》』の「父、召さば諾することなし。唯《い》して起つ」という語を引用して、剣道の虚実についてくわしく説いている。

「諾」というのは、承知したと内容を見定めて肯うことだから、紀平博士のなるほどに当たるであろう。「唯」は耽源式にハイと即応することである。静山は「父や先生には固より負くるが持分であるし、「用心見定」めなど警戒はいらないから「ハッと言て起つ」てもよいが、それは「剣技に於ては虚心」だといっている。だから「唯」ばかりではいけない。「諾」と見定め、唯と即応する「虚実心変」を弁えなければならぬ。しかもさらに、その唯諾の二つを越えた奥にこそ「必勝の路」であるる「中」があるのだと語っている。

沢庵和尚の『不動智』によれば、この「諾」的態度を煩悩停滞だといっているように見える。逆に「何右衛門と呼びかくるに、をっと答ふる心」、つまり「唯《はい》」が悟りだと主張しているかのようである。けれども、必ずしもそうではない。沢庵の「をっとを答ふる心」は、一刀斎の直感・思惟・行為の三即一的な状態をいうのであって、静山のいわゆる「中」と見るのが至当だと思う。沢庵は要するに心をとどめないことが肝腎だといっているので、石を強くたたいたとき、まさか石がそのたたいた相手を見定めてから、おもむろに火を出すわけではあるまい。打つのと火の出るのとは同時だから、石火の機というのであろう。「唯」はそれである。

今北洪川禅師は『禅海一瀾』で、孔子の「参《しん》（曾参）や、吾道は一以て之を貫く。参曰く唯」というのを第四則に挙げてこういっている。この「唯」を宋儒は応ずるの速やかにして疑いなきことだというが、それも悪くはないけれど、惜しむらくは「蹉過了」である。自分は永年このことに疑問をもっていたが、三十一歳のときはじめて「唯」の妙処を徹見した、そして曾参のこの一語に抜山の力のあることを知った、と。洪川禅師によれば、夫子一貫の道とはただハイということである。それは唯諾の二つを越えたところに、絶対的な「唯」を見ているのである。沢庵が「をっと答ふる心を不動智」だとしているのも、それをさしているにほかならないし、静山が「中」といっているのもそれであろう。耽源がハイと答えたのもそれである。耽源にとっては三喚のみに限らず、千回万回呼ばれようとも、前後を截断したハイあるのみである。第一回目のハイと、二回目ないし三回目のハイとは、寸分も異なるものではない。

ハイは夫子一貫の道であるばかりでなく、耽源の示した禅の極致でもある。さらにこれこそ実に剣の玄微でもある。さきに陰流の陰のことをいったが、光と陰とが同時存在だということは、「おうしんッ」（光）「ハイッ」（陰）ということではないか。伊藤一刀斎が八幡社前で忍び寄る賊を無心のうちに斬った夢想剣は、正にそれである。

このハイは禅の言葉でいえば三昧に当たるであろう。三昧とは正受とも釈し、また不受とも釈す。対象を正しく受けることであり、なりきることであるとともに、対象に少しも影響されないことである。赤いものは赤いと見るのが正受である。しかも赤いという対象に少しも心を止めないから不受である。

敵刀がわが頭上に下る、あるいは小手を断ってくる、光と陰との関係で、間髪を容れないところの石火の機で正受即応しなければ、身首処を異にしてしまうであろう。しかも次の瞬間における相手の変化に即応するためには、少しの渋滞もなく、いささかの着するところも残さない不受でなければならない。時間的にいえば一秒のズレも許されないいま、われと敵との働きに一厘の隔たりもおかないここ、それは見定めるなどという思慮分別をいれない絶対の「唯《はい》」でなければならない。この「唯」は前後截断の絶対無の境地であるが、しかも過ぎ去ったあとで仔細に点検すれば、知情意が渾然として一体をなして最高度に発揮されているばかりでなく、一唯の中にいわゆる三の数の意義が一如となって含蓄されていることを知るであろう。諾を用いずして、おのずから諾を具備しているわけである。

剣を学んだ効果はどこにあるかといえば、竹刀を握って打ったり突いたりするところにあるのではなく、朝から晩までの日常生活で人と折衝したり、仕事と取組んでいる中に、この「唯」を実行するにある。

いわゆる水月移写で、水と月とがオイ、ハイと相呼応して間、髪を容れないところの気合を日常の生活中に用いてゆくことが、文字通りの剣禅というものだろう。これは一見、受け身の立場のように見えるが、実は随処に主となってもっとも完全な主体的の立場に立つものであることは、体験すればよくわかることである。

「おうしんッ」

「ハイッ」

両鏡相対して中心一点の影像もないこの呼応こそ夢想剣の極意であって、これをしも禅というべきか、はた剣というべきか、実に妙趣汲み尽くしがたいものがある。

三　無住心剣——夕雲先生の相抜けの道

1

ひとり剣道ばかりでなく、武道というものの全部が勝負の道である以上、それは例外なしに対他的にできているものである。敵と我、勝と敗、生と死というように、二律背反というか二者択一というか、とにかく二つの相矛盾するものがつねに対立しているのがその特色である。だからこそ、そこに緊張もあれば真剣味も生じてくるというものである。古く剣道は太刀《たち》の道ともいったが、それは断ち——決断のことだという人もあるくらいである。あれか、これかの場合の決断、それがたちの道すなわち剣道だというのである。

そして決断の結果、強、勝、生への途を選びとって生命の登高優越をはかる、剣道の意義と発展とはそこにあるのである。けれどもそういう分別、揀択《けんじゃく》の相対界にあったのでは、どこまで行っても安住し安心するということがない。一生を不安と動揺のうちに生きつづけていかなければならないことになる。古来心ある剣者の苦心したところは、その二者択一的な分別境をどうして脱却するかにあったと思う。

いかに強くとも、強いというだけではこの根本的な不安を解決することも解消することもできるものではない。たとえば宮本武蔵ほどの豪のものでさえも、晩年、三十歳の頃までの六十余度の戦跡をかえりみて、そのことをしみじみと述懐している。それまでの自分の勝利は、相手が未熟だったか自分の僥倖か、いずれにしても兵法が至極して勝ったのではない、と『五輪の書』で告白している。かれが本当の道に達したのは、すなわち相対的な分別境を越えたのは「我五十歳の比《ころ》なり」と語っている。

これから述べようとする針谷夕雲《はりがやせきうん》（一六六二歿、年七十余）も、やはりこの点について深刻に悩み、ついにこれを禅によって解決した人である。夕雲はいまいうような分別、相対の立場を「己れに劣れるに勝ち、まされるに負けて、同じやうなるには相打より外はなくて、一切埒のあかぬ」（剣法夕雲先生相伝）ものであるとして、そんなのを「畜生心」とか「畜生兵法」とか名づけ、口をきわめて罵倒している。つまり、そういうものは人間の行なう剣の道ではなくて、虎や狼の争いと同じだというのである。夕雲の眼からみると、自分の学んだ新陰流の流祖たる上泉伊勢守も、塚原卜伝も、自分の師匠の小笠原玄信斎でさえもが「皆ことごとく妄想虚事の類」だとまで極言している。まことにえらい自信と見識である。

禅語に「八識田中に一刀を下す」ということばがあるが、あらゆる想念の起こる根源である第八識と呼ぶ潜在的な無意識層すら断ちきって、分別相対の境を完全に脱却しないかぎり、いかに強くともしょせんは永久に相争う虎か狼であることは、たしかに夕雲の指摘する通りである。その意味では、いくら平和を叫んでも、その根本的立脚地が戦争と平和と相対の場であるかぎり、その叫びは「畜生心」の域を脱しないのだから、蟻や蝶のような弱者の悲鳴と同じことになる。

世間ではややもすると人間の用いる武器を、猛獣の爪や牙に比較して見る傾向がある。自己保存の本能というような点からいえば、その見方も必ずしも的外れではないかもしれない。猛獣の爪や牙はたしかに自己保存の生命意欲をみたすための武器であろうから、爪や牙をもたない人間が刀や槍をそれに代えた、といってもさしつかえないはずである。それにもかかわらず夕雲はこれを「畜生心」と呼んで、人間の剣の道ではないとするのである。

それはまた、なぜであろうか。

ここでわれわれは、人間と猛獣との相違をあらためて確かめてみる必要があると思う。

ひと口にいえば、生物という点において、人間と猛獣とに差があるわけではない。人間も猛獣と同じく生物であり、動物であるにちがいない。けれども猛獣がどれほど高度に生命意欲を発揮しようと、ひっきょうそれは本能的、衝動的、刹那的、受動的に生きるだけであって、その生活経験を統一し、主体的に自覚的にその生活を創造してゆくことはできない。かれらはその生命を自主的に「生きる」能動力としてもつことはできない。受動的に本能の動くままに「生かされている」にすぎない。

ところが、人間は前章でも述べたように、過去の必然を未来の自由に点ずるという自主性をもち、能動力として創造的にいのちを展開していくことができる。人間と猛獣とでは、生命の次元とでもいうか、ここに大きな開きがある。

単に本能的、受動的な猛獣は、自他を超出することができないから、あくまで他の生物との対立をなくすことは不可能である。したがって、そこにはいつでもどこでも、他の生物と食うか食われるかの対立を演じ、他を倒すことによってのみ自己を存続する道があるだけである。

人間ももちろん、他の生物を食餌とするかぎり、そのような動物としての半面を全く離れて生存できるものではない。けれども、能動的にみずからのいのちを生きることのできる人間は、動物的な生態に限定されるばかりでなく、そのような立場を自覚的なものへと転ずる力をもっている。対立的な生死が自覚的なものになるとき、それは対立を越えた超生死、あるいは無生死となることができる。それは自己保存の本能とは一見反対の方法――自己を否定することによってかえって自己を越えた大きな自己、根源的な自己に生きる道である。

剣の道はこのように、生死の相対を自己の否定によって自覚的に超出するところの、生死決定の道なのである。これを古来の専門語でいえば、いささか技法的なひびきをもつが、「相打ち」といってよいかもしれない。

だから「相打ち」に透徹した剣者は、生死は生死ながらに根源的、絶対的な自己に包まれ、生においては生の道を尽くし、死においては死の道を尽くし、生も死もともに仏のおんいのちの全面的な現われであるとして、生死悠々、生也《や》全機現、死也全機現と自在身を行じていくことができるのである。

ここに猛獣の爪牙としての「畜生心」を脱却した人間の剣の道がある。

2

剣の専門家の中には、相打ちなどという技法はないという人もあるが、古文書にもこの言葉は立派に用いられている。その相打ちを鈴木大拙先生は mutual striking down と訳しておられ、その説明のうちに killing each other という言葉を使っておられる。「相打ち」というのだから当然そういうことになるし、また、『剣法夕雲先生相伝』にも「己れに劣れるに勝ち、まされるに負けて、同じやうなるには相打より外はなくて、一切埒のあかぬ」ものだとあるのだから、そのものズバリの適訳というほかはない。

けれども、厳密に剣の理法およびその技術の面からいうと、実はキリング・イーチ・アザーしたり、ミューチュアル・ストライキング・ダウンする「相打ち」では困るのである。なぜなら、相打ちは心法でいえば捨て身の覚悟ということだからである。本当は死にたくない。だから、生命本能の感ずる死の恐怖を、死ぬ覚悟で脱け出すのが相打ちである。『葉隠』などを見ても「凡そ二つ一つの場合に、早く死ぬ方《かた》に片付くばかりなり」というような言葉がある。それは、だから死んでしまえ、というのではない。生死の岸頭に立ったとき、必死の決意をすると「胸すわりて進む」ことができる。したがって、進退駆け引きも自由になるから、結局勝てると教えているのである。それではあまりにも功利的、打算的ではないかという議論も出てくると思うが、打算的かどうかは実際にやってみればよくわかる。とにかく「相打ち」はその意味で、いわば死することによって生きる道、あるいは恐怖からの解放だといってもよいと思う。

それでは術技としてはどうか。文字通りの「相打ち」ではまるで子供のなぐり合いのようなもので、何ら術技、技法の名に値しないだろう。まず、あくまでも捨て身の戦法で敵の先を取って打つ、あるいは後から発して逆に先を取る、または相手の打ってくる拍子に合わせ、その太刀に乗って打ち勝つなどがその技法である。要は先後の拍子によって勝つのが、一般に「相打ち」と呼ばれる術技である。双方が同時に打ち合うのは盲打ちというもので、まったく素人のチャンバラである。古禅匠の自由無礙の勘弁の働きなどにも、先後の拍子というものがあってもおもしろいが、それはさておき、相打ちにおける先後の微妙な拍子は、失礼ながら剣技の素人にはなかなかわかりにくいと思う。

つまり相打ちとは、いいかえれば必勝の道である。だから、古来の剣者は、その呼び名はいかにもあれ、この理合いを剣の最高の極意としたのである。ところが針谷夕雲は、それすら人間の道としては肯定できないというのである。そんなのは「一切埒のあかぬ」「畜生心」だとか、あるいは「畜生兵法」だといって排斥していること前に述べた通りである。そして自分の剣は「相抜け」が極意だというのである。

それなら夕雲自身は相打ちを全然教えなかったかというと、そうではない。相打ちを最初の手引きとして教えている。その理由は「自分を全うして勝を取らんと思」って勝った者は、昔から一人もいないからだという。「相打といふ事、何の造作もない事のやうに、諸人は心得る事なれども、その場に臨みては相打を憚り嫌ひて、全き勝を得たく思ふ」のが常である。それが避け難い人間の煩悩というものであろう。口では相打ちと簡単にいうが、実際に生死の岸頭に立ったとき、己れを捨てる相打ちの決意をすることは容易にできるものではない。そこで「己れが心に二種あるやうにて、更に不審なるぞと云ふところに工夫をつけて」、その煩悩の因って生ずる根源をつきとめなければならない。そして「常住不変の心」「諸事の理を求」め得たとき、そこに夕雲のいう「相抜け」の境が開けてくるのである。

古今の剣者が最高の極意とした相打ちが、なお畜生兵法程度のものだというのは、その「常住不変の心」「諸事の理」から出てくる批判である。思うに、そのような立場から相打ちを仔細に点検してみると、そこには微細ながらなお依然たる人間の根づよい煩悩、そう言って悪ければ勝敗二元の分別が働いていることを見たからである。道統上の曾孫に当たる川村秀東《ひではる》が「両方立向って平気にて相争うものなき」が相抜けで、「争うものあれば相打なり」と、夕雲がいわれたと書いているのを見れば、その辺の消息が窺われる。

このようなことは宗教家か道学者の説教ならば当り前のことで、いまさら取り上げるまでもないことであるが、真剣勝負を五十二回も経験し、五十歳までを勝敗に生命をかけてきた剣者の突きとめた世界だからこそ意義があるのである。勝敗、闘争をその極点まで突きつめて行くと、かえって勝敗を越えた、闘争のない、絶対自由な平和の世界に出るということを実証したのだから、文化史的に見て十分に検討の価値があるといえる。

神の支配から人間を解放し、知は力なりとの自負のもとに神に取って代わった近代人が、その知を縦横に駆使して内外の世界を開発し、ついに物質構造の神秘まで見きわめたことは、何といっても偉大な業績である。けれども、その結論がまだ〝恐怖の均衡〟による平和共存であり、キリング・イーチ・アザーの相打ちの境に止まっているのはなんとしたことか。われわれの近代文化は、封建時代の市井の一剣客の剣境にすら至れないのであろうか。

夕雲の弟子の一雲は、相抜けの消息を次のように述べている。

「当流は聖意に基いて聖意にはまる上は、聖は古今一聖にして二途なく、上古の聖も末代の聖も符節を合せたる如くにして一毫の差別なければ、何れを勝り何れを劣れると云ふべき所もなし、聖と聖との出合ならばいつも相抜け也」

鈴木先生はこの相抜けという言葉を mutual escape と訳し、抜けというのは passing by とか going through ということだと説明しておられる。ゴーイング・スルーという言葉を、箭鋒《せんぷ》相拄《ささ》うという禅語に当てはめて解すればおもしろいと思う。人格に対するものは人格だといわれるが、主体的生命の自己表現としての我と汝が相対するということは、世界と世界とが相対することだ、と哲学者は教えてくれる。「聖と聖」との出合いというのは、そういうことであろう。それは人境倶に奪わざる唯仏与仏の世界といってもよい。

私がこのように言ったら、ある剣客はそれは「観念上の戯論《けろん》」だと批難した。果たしてそうだろうか。古来の剣者が天心・無敵・直心・無刀などといっているのは、多少のニュアンスはちがっても、みな相抜けの境地を指したものと思う。現在も伝わる無外流の万法帰一刀、無刀流の独妙剣、直心影流の丸橋などという秘技は、いずれも相抜けの境位のものである。ただそれをハッキリと聖と聖との出合いだから相抜けだというように、思想的に表現していないだけである。だから、相抜けは決して観念上の戯論というべきではなく、むしろ評論家の竹本忠雄氏の用語を拝借して、「瞬間的な行動を通じての和の芸術」だと言ったほうがよいくらいのものである。これは勝敗二元の間に立つ剣の道の、必然的に落着するところで、このゆえに剣の極意は人間の極意だといわれるのである。

享保頃の人、片島武矩の『武備和訓』に「刀剣術の本意は鞘の中にある時、威功霊明にして、鞘をはづすことは威武の徳おとろへたるなれば、百たび鞘を発し、百たび利を得るとも刀剣の本意にあらず」とある。つまり剣の極意は「鞘の中」にある。すでに「鞘をはづすことは威武の徳おとろへたる」証拠にほかならない。問題はそこにある。

「百たび鞘を発し百たび利を得るとも刀剣の本意」とはいえないが、さりとて百たび鞘を発して百たび敗れたのでは、なおさら剣の本意ではあるまい。「百たび鞘を発し、百たび利を得る」実力をもったものが、未だ鞘を発せずして対者を制圧するところに、剣の妙味がある。これを「鞘の中」という。それが、〝霊明〟に基づかず、〝功利心〟から行なわれるところに〝冷戦〟がある。

しかし「鞘の中」も、相手がその威力に怯えおののいているのでは、まだ剣の至境ではあるまい。その人と相対すると、太陽に照らされた淡雪のように敵対意識がおのずと消え去ってしまい、さらに自ら進んで悦服し、その人に接することにより生の歓喜を感ずるようなのが本当の「鞘の中」の徳というものでなければならない。山岡鉄舟は官軍の江戸攻撃の際、海舟とともに、南洲を相手として相抜けを実地に行なった近代随一の剣の大家であるが、その鉄舟先生に向かってある人が「剣道とは」とたずねると、先生は「浅草の観音堂に預けてある」と答えたという。まことに「施無畏《せむい》」こそ鉄舟先生の無刀流の極意であると同時に、日本剣道の極致でなければならない。人々を恐怖から解放し、絶対的自由と安心を与える無畏を施す者にして、はじめて相抜けは可能なのである。ここに至れば剣も禅も異なったものではなく、ひとしく人間の道の極意だといってよい。両者の異なるところは当然のものとして「鞘の中」の威力を踏まえているかどうかにある、とはいえるであろう。

しかし、私の好みかもしれないが、禅にも本当は「鞘の中」の威力がその土台に打ち込まれていなければ、骨抜きにひとしいと思う。試みに臨済の四喝を例にとってみよう。

四喝は周知のように、無位の真人の四つの働きと見るべきであろう。とすれば四喝にかれこれの差別はない。どの一喝を取り上げても他の三喝はおのずからその中に包含される。道元禅師のいわゆる

「一方を証するときは一方はくらし」である。だが、その差別のないうちにも、不作用の一喝がその究極をなすものといってよいであろう。すなわち、「その用を作さ」ざる一喝の中に、金剛王宝剣の一刀両断底の冴えも、踞地金毛の獅子の冒すべからず近づくべからざる威力も、さては探竿影草の端《たん》倪《げい》することのできない、人を食った行動も、すべては包含されるのである。それらを包み、そして越えてこその不作用底である。もし不作用の一喝がはじめから文字通りの「その用を作」すに堪えないぐうたらを意味するならば、何ら問題とするに足りない。

キリストも「人もし汝の右の頬をうたば、左をも向けよ云々」と言ったと『マタイ伝』の五章にある。この言葉の中には畏るべき自信がひそんでいる。卒然と人に頬を打たれたとき、自主的に反対側の頬を差し向けるという一刹那の働きによって、主客は忽ちにして処を換えてしまう。この大力量がないならば、キリストの訓えはグレン隊の恫喝《どうかつ》におびえて逃げ回る弱者の悲鳴と同じで、まったく度すべからざる相抜けならぬ腰抜けになってしまう。

このように相抜けは、確かに人間の無明煩悩から発する闘争に対して、有力な一つの結論を出している。そこに文化史的意義もあるが、また一面からいえば「聖と聖との出合い」だと、夕雲も言っているように、それは〝聖〟という一般性のない特別の人の個人的心境ではないか、といわれるかもしれない。一応は確かにそういう懸念もあるかと思う。

しかしながら、釈尊が「一仏成道、観見法界、草木国土、悉皆成仏」と悟入されたのはもとより釈尊個人の自内証の端的であるが、この自覚によって解脱を得、自由を得られたとき、それはすでに釈尊個人のものではなく、あまねく全人類に普遍的に妥当する真理となったではないか。もし悉界成仏底の一つの世界ということが真理であるならば、これを誠にする努力によって真の平和共存、相抜けの唯仏与仏の世界の実現も不可能ではあるまい。

近代科学の開発した究極兵器を提げて東西相見《まみ》えるとき、キリング・イーチ・アザーの最も愚劣な相打ち共倒れに終わることは火を見るよりも明らかである。この愚劣さは近代における人間自覚の未熟に由来するものであり、その当然の結果としての集団エゴイズムによると思う。集団エゴの盲打ちは、古人の既に実証したように「常住不変の心」と呼ばれる根源的生命の体現によって飛躍的に打開するほかはない。私は「相抜け」を剣であると同時に、仏国土の因縁、菩薩の威儀として――すなわち、禅とともに発達した〝瞬間的行動を通じての和の芸術〟の至境として、これまた一個の禅文化であると考えたい。

かくて、もしかりに相打ちが人境倶奪的な往相面であるとすれば、相抜けは人境倶不奪の還相面とでもいうか、「王宝殿に登り、野老謳歌する」趣きがある。斬りもせず、斬られもせず、無賓主の中にしかも歴然として賓主を見る、神武不殺の完勝の道といってよい。『列子』に闘鶏を養う有名な話がある。それによると、はじめはやたらと空威張《からいば》りをしてみたり、次には相手さえ見れば闘志をむき出しにしたり、いつも眼を釣りあげ、肩肘はって威張ったりなどいくつかの段階を経たのち、最後に他からの影響では少しも心を動揺させず、勝敗の念も全く忘れ「之を望めば木鶏に似たり、その徳全し」という、無我無心の境涯を得たということである。その木鶏の境地がそれであろう。

夕雲は弟子の一雲がこの極意を得て、自分と立合ってみごと「相抜け」をしたとき、香を焚いて弟子を拝したという。一雲の記すところによれば「夕雲いかが存ぜられけるか、懐中より念珠を取出して、余に向って香を焚て余を拝せらる」とある。時に夕雲は年七十、一雲は三十四歳だったと記されているが、高齢七十にして、三十四歳の壮者と技を闘わせることができたというこの一事で、剣が決して単なる体力や技法だけのものではないことを示すといってよいであろう。

闘争、勝敗を旨とする剣者にも千錬万鍛の結果、ついにここまで見究め体達したものがあるとは、まことに驚くべき事実である。夕雲がここまで達したとき、かれがつねに心要を問うた虎伯大宣和尚（東福寺二百四十世、東京駒込竜光寺開山）は「流と云べきやうもなければ、名もなし、名づけば無住心剣術と云んか」といっている。この師の言葉にもとづき、それからのちの夕雲は新陰流を捨てて無住心剣術と名乗ったのであるが、この無住心——臨済の無依というにひとしい——の境地においてこそ「相抜け」ができるのである。

かれの、すっかり畜生心の妄想を否定し、住するところのない境涯は、剣技の上においても実にサラサラとしたものであったらしい。「凡そ太刀を取て敵に向はゞ、別の事は更になく、其間遠くば太刀の中る所迄行くべし。行付きたらば打つべし。其間近くば其儘打つべし。何の思惟も入るべからず」と教えていることからも、それが想像できる。あたかも雲が無心で岫《くき》を出るように、水がさらさらと流れるように、全く「何の思惟も」なく任運に行為する逍遙自在さがそこにある。夕雲こそは剣者としての最高峰であり、文字通り剣禅一如の体達者であるといわなければならない。

3

それほどの針谷夕雲であるが、どうしたわけか彼はこの頃はやりの「剣豪もの」にも一向姿を現わさず、高木健夫氏の『二十四人の剣客』にもたった一ページのスペースを提供されただけである。戦前に書かれた武道史等にもあまりその名をうたわれていない。わずかに先師山田一徳斎先生の『日本剣道史』に、その異色をとどめているにすぎない。

かれは、柳生但馬守などと同門だった小笠原玄信斎について新陰流を学んだ人で、寛永から寛文にかけて生きた人である。一般に伝わらないのは、その剣境があまりにも高すぎて、門葉が大衆的な広がりをもたなかったためでもあろうか。しかし、白井亨の『兵法未知志留辺《みちしるべ》』（天保四年）などに、夕雲を山内蓮真、金子夢幻、小出切一雲とともに、古今の名人四人の中に数えているところを見れば、心ある人々の間には、高く評価されていたものと思われる。

前にも書いた川村秀東の『夕雲流剣術書・前集』によれば、夕雲は上野国針谷の生れで、俗名を五郎右衛門と呼び、一生浪人で過ごしたとある。老年になってから夕雲と名を改め、江戸八丁堀に住し、寛文二年（一六六二年）七十歳で病死したようである。一生の間に真剣の仕合をすること五十二度、一回も敗れたことがなかった。取り立てた弟子は二千八百人、その中で新陰流の免許を与えたものが八十三人あったが、「上則之弟子」と見られるものは僅か十三人しかなかった。しかもその十三人中で無住心剣の旨を知り得たものは、実に四人だったという。それでも唯授一人というのから見ればまだ三人多いわけだが、いかにその家風が嶮峻であったかがうかがわれる気がする。その四人の筆頭が先刻から名の出ている小出切一雲である。

一雲は別に空鈍とも称し、空鈍流の祖でもある。どういう根拠からかわからないが、白井亨は前掲の『兵法未知志留辺』に、一雲こそは師にもまさった古今独歩の名人だと書いている。

この一雲も師の夕雲に劣らぬ変り者と見えて、前に記したように夕雲と三度仕合って三度とも相抜けをしたので、『真面目』という伝書を授けられ、印可を受けたのであるが、その年に師の夕雲が亡くなるとともに、姓名を変えて深川に退隠し、剣道のことは秘《かく》して独り道を楽しんでいたという。そのときの名が片桐空鈍というのではないかといわれている。

一雲の空鈍が深川辺の裏長屋に独り自炊して世を送っていると、かねてかれの腕前を知っている諸侯が手をつくしてかぎつけては招聘の使いをよこす。一雲はそれをうるさがって、神奈川のほうへ跡をくらましてしまった。そしてほとぼりのさめた頃を見はからって、また元の古巣へ舞い戻ってすましていた。晩年、病を得てからは戸を閉ざして見舞人もよせつけなかった。幾日たっても物音一つせず、あまりに静かなので不審《ふしん》に思った近所の人々が、戸を破ってはいってみたら、一雲は既に死んでいたという。

かれがあるとき、ウトウトと気持よさそうにいねむりしていると、それをみた門人が〝いかに名人でもこれなら打てる〟とばかり打ちかかった。ところが、どうしたわけかズデンドウと引っくり返ってしまった。一雲は前のように眠り呆《ほう》けている。門人は何のことやらわけがわからなかった。次には夜中にかれの寝込みを襲って急に戸をたたいた。一雲は〝何事か〟と起き出して、戸を開けた。そこを待ちかまえていて打込むと、サッと身を沈ませたので、弟子はかれの背を飛び越して倒れてしまった。このときも偶然といえばそうとも思えるし、どうも腑《ふ》に落ちなかった。その門人は、次には、一雲がかまどの前でくすぶる薪をしきりに焚きつけているところを打込んだが、前と同じように投げつけられた。この時はじめて一雲は、

「お前のように表裏をもって道を学ぼうとする者は、とても大成することはできない」

こういって、即日破門してしまった。

かれの歿したのは宝永三年（一七〇六）四月、年七十余りであった。麻布の春桃院に葬ったが、墓標もなく、ただ沢庵石のような丸石を二つ重ねただけだったという。「門人も同じ道をたどる人であったからである」とは、先師一徳斎先生の評である。

それはさておいて、夕雲は身のたけ六尺、力は三人力あったというから、その壮年時代はきわめて豪のものだったと思う。つねに二尺五寸もある重い刀を腰にし、しかもそれが刃引きしてあった。その理由を弟子の一雲に語った言葉がふるっている。

「わたしは体も大きく、力も三人分あるから、一人相手の勝負など問題でない。大勢を相手に、たたかうとき、なまじ刃があると欠けたときに引っかかってよろしくない。それで刃引きにしておいて叩き殺すつもりだ。大名とでも喧嘩の場合には、まず供の者共をたたき殺してから、主人も乗物ぐるみ打破って殺す覚悟だ。ただし、脇差は切腹するときの用意によく研いで刃がつけてある」。実にものすごい勢いで、その豪気のほどが察せられる。

こういう気象のはげしさだから、その剣の技も上段にふりかぶってただひと打ちにする一手だけしか教えなかったといわれている。

『撃剣叢談』の巻四に、空鈍流として伝えているところを見ると、

其芸習はす様は、紫革の細きしなへを胸の通に、さしじなへに構へ、するすると敵によりてしなへを頭上にあげて丁と打つ也、此外にわざを用ひず。

とある。どこまでも夕雲式である。

あるときのこと、一人の浪人が夕雲に向かって、

「先生の竹刀は鉄兜でも破ってしまうくらいの威力があると聞きましたが、ほんとうでしょうか。わたくしが兜をかぶりますから一つ試して下さい」

と所望した。夕雲は再三断わったが、断われば断わるほど自信がないものとでもみたのか、その浪人はしつこく要求して聞き入れるようすもない。やむを得ず夕雲は、

「では！」

と竹刀をとって庭に出た。

いつもの調子で竹刀を構えた夕雲はスルスルと歩みより、近よったとみると無造作に浪人のかぶった兜の上からハッシとひと打ちした。浪人はフラフラと片隅の木の下まで泳ぐようなかっこうで歩いて行ったが、どうしたことか、そこでパッタリと倒れた。見ると、無残にも口から血を吐いていた。

実にものすごいまでの力量、技術であったようである。

それほどの豪傑も年五十、知命に達するころから、ふと、劣れるに勝ち、優れるに負け、同じものとは相打ちとは、さてもつまらぬものよと、これまでの自分の剣に疑問を抱き、その解決のために、東福寺の隠居で、そのころ江戸駒込辺の竜光寺にいた虎伯和尚に参禅することになった。かれは虎伯和尚には全く心服帰依したと見え、その指示通り工夫精進した結果「一旦豁然として大悟し、兵法を離れて勝理明かに、人生天理の自然に安座して一切の所作を破り、八面玲瓏、物外独立の真妙を得」

たのであった。そのころまだ師の玄信斎が存命していたので、自分の悟り得たところを物語った上、立合ってみると、明国に渡って、かの地にまでその名を知られたさすがの玄信斎も、「烈火の竹を破るように破られてしまった。それからというものは、前に修得した諸流をみな捨てて「自己の禅味より得たる所の一法につづめては一生の受用と」して、これを「無住心剣」と呼んだわけである。腰には例の切腹用の一尺三寸ばかりの脇差だけということになったのも、おそらくそのころからであろう。

夕雲が刃引きの剛刀でたたき殺すという強引の勝敗道から、何ものにも住するところなく、ただ自然の妙理に随う「相抜け」の絶対平和の境涯まで錬り上げつきぬけるのには、実に容易ならぬ苦心があったと思う。

「時々刻々工夫修行し、畜生心を離れ、所作を捨て云々」と弟子の一雲の述べている辺など、いつ読んでも惻々として心を打つものがある。

四　動静一如——柳生の転と武蔵の巌の身

1

剣も禅もその極所は、生死のない絶対の世界を見究め、それを日常生活の上で自由に用いていくところにあること、しばしば述べた通りである。しかし、同じ高嶺の月でも見る人によってその感じ方が異なるように、同じ体験でもその受取り方なり、その表現の仕方なりは、万人かならずしも同一とはいえない。禅に五家七宗があり、剣に何百もの流儀のあるのも、そういうところから生じた現象であろう。

柳生但馬守と宮本武蔵とは、そのような意味から比較してみると、剣道史上もっとも興味のある存在である。

武蔵については諸説紛々で、先師山田先生のごときも武蔵を決して高く評価していない。その理由の第一は、当時一流の達人とは故意に仕合を避けたらしいという点、次にはかれの書いた伝書『兵法三十五箇条』などの程度が低いことなど、いくつかの疑点を挙げられている。直木三十五氏も先師の『日本剣道史』の受け売りで、武蔵をこてんこてんにコキ下ろしている。

直木三十五氏の『剣法夜話』をみると、武蔵をさんざんコキ下ろしたのち「もし『五輪書』が、天下第一とでも云われる方があるなら、いつでも御対手をする」とまで言っている。

先師、山田一徳斎先生の『日本剣道史』によれば、「近松茂矩の昔咄」というのに、武蔵が名古屋の藩臣、長野五郎左衛門を訪問したことが書いてあるそうだ。それによるとこうある。

長野は武蔵に向って、三十五ヶ条と申すは貴公の御作かと問うた。さん候との答へに、近頃卒爾なる申分なるが、あれは書き損ひにて、さぞかし御後悔と存ずると遠慮なくいった処、御恥しきことにて、未熟の時分の作にて、今は天下に流布して悔いても及ばず其のままに候。さるを書損じと打つけに御教諭ありしは貴殿一人にて、誠に頼もしき御事なり。

直木三十五氏のよりどころも、先師の『日本剣道史』のこの文章にあると察せられるが、これは少しおかしいのではないかと思う。

『兵法三十五箇条』は武蔵が細川忠利の命で書いたといわれるものだが、既刊本によるとその末尾に「寛永十八年二月吉日」と記されている。ところが、武蔵はそれから四年後の正保二年（一六四五）五月十九日に、年六十二歳で歿したことになっている。そうすると、寛永十八年は武蔵五十八歳というわけである。武蔵が名古屋で長野某に会ったのがいつなのか知らないが、少なくとも『兵法三十五箇条』が「天下に流布」したのちで、しかも「自ら未熟の時分の作」と言ったとすると、時間的にみて怪しくなる。『五輪の書』（正保二年の作という）に「おのづから兵法の道にあふ事、我五十歳の比なり、夫より以来は尋ね入るべき道なくして光陰を送」ったと自ら述懐しているほどの武蔵が、そのわずか四年前の作を、自ら「未熟の時分の作」というわけがあるものだろうか。

私はいまここで直木三十五氏の亡霊を相手にムキになって議論するつもりもなし、武蔵の肩を持たねばならぬ理由もない。たしかにその二つの著述（伝書）は普通一般のありふれたことを書いているにちがいないが、しかしそのありふれたことの一つ一つに実によく目が届いているのに驚かされる。普通ならウッカリ見過ごしてしまうような、そのなんでもないことまで武蔵は気を配っている。その点からみれば「天下第一の書」ではないかも知れないが、達人名人の書であることはたしかだと思う。それともう一つ見落としてはならないことは、武蔵が甲冑の剣法から素肌剣法への転換期に生きた人であり、当然に古流から新流への革新創造に苦心したであろうことである。私は武蔵は新流創造の偉大な天才だったと考えている。

たとえば、武蔵は「有構無構」ということを述べているが、これとても後世から考えれば何でもないことに違いないが、当時はまだ大なる戦争には城が大事とされ、個人の斬合いには構えが何よりも大切なものと考えられていた。その「構え」を一大秘訣として秘し隠した時代に、「構えなんかないほうがいいのだ」と主張したのだから、大胆というか、自信というか、先見の明というか、とにかくえらいものである。「太刀は切りよいように持てばいいのだ。青眼だ、上段だと、そんな固定した構えに拘泥するのは、居つくというものだ」。こういうのだから、大した見識である。

現存する武蔵の墨蹟その他の作品から見ても、かれは古今の一流、追随するもののないほどの名人だとわたくしは信じている。

その武蔵は「大の兵法、小の兵法」といって、兵法を大小の二つに分けている。小の兵法というのは一身の斬合いの法——いわゆる剣道のことであるのはいうまでもないが、大の兵法とは「太刀の徳よりして世を治め身を治むる事」で、軍事から治民の法までを含めた広義の政治道である。かれは小の兵法使い、すなわち剣者をもって満足するものではなく、大の兵法家として政治をやることが一生の念願だったらしい。実際には細川公に藩政の諮問を受けた程度で、ついに天下の大政に参画する機会に恵まれず、その意味では不遇のうちに熊本の片田舎で世を終わってしまったのである。

これに反し、柳生但馬父子（宗厳、宗矩）は徳川の重臣として天下の枢機に与っている。当時、柳生、小野と並び称されながら、小野は僅かに三百石、柳生は一万二千石の大名だったのは、小野が小の兵法者だったのに反し、柳生は大小ともに達人で文字通りの「天下の御指南番」だったからだといわれる。家康は秀忠に向かって「小野流は剣術なれど柳生流は兵法なり。大将軍たるものは須らく大将軍の兵法を学ばれよ」と訓したといわれ、また『大猷公実紀』に、

抑ゝ宗矩たゞ兵法に達せしのみならず、よく天下の大体を弁へ、禅をかりて術をさとし、術をかりて政事をさとす。故に、公の（筆者注、徳川家光）御信敬なみなみならず、常に吾れ、天下統馭の道は宗矩に学びたりと仰せられき。

とあるなど、その証としてみるべきであろう。徳川初期の地盤固めには、片手にコーラン、片手に剣の「兵禅一味」の柳生流はもってこいだったわけである。徳川家に禍いの種となるような戦国生き残りの荒武者は、彼の剣で威伏され、コーランで説得されて、適当に調教されたのである。

特に宗厳は石舟斎と号し、上泉伊勢守から一国一人に限る印可状を与えられ、新陰の正統的伝を継いだ人で、師から「天下無双の剣」といわれた達人である。

武蔵と宗矩とを比較してみると、両者の性格——人間類型の差か、または環境の相違からか、一方は天下の枢機に参じてその志を伸べたのに、一方は雲を得ざる蛟竜のように、池中にその一生を埋も

れ去ってしまった。しかもその差は両者の剣境——悟処の表現にもそっくりそのまま、あらわに打出されているからおもしろい。

2

武蔵の剣の極意は、世間周知のように「巌《いわお》の身」と呼ばれている。かれ自身の説明によれば「岩尾の身と云は、うごく事なくして、つよく大なる心」（兵法三十五箇条）であり、また「磐石のごとくに成て、万事あたらざる所、うごかざる所」（五輪の書）であるという。つまり、生死の両頭を脱した、寂然不動の境とでもいうか、八風吹けども動せず、大山崩るるともこゆるぎもしない絶対境が巌の身である。

この巌の身について、あるとき細川公が武蔵にたずねたことがある。そのとき武蔵は高弟の寺尾求《もと》馬助《めのすけ》を公の面前に呼び出してもらって、いきなり「求馬助、思召しのかどあって只今切腹申付ける」と声をかけた。求馬助は静かに一礼して「畏りました。直ちに仕度を致しますから、しばし御猶予を！」と神色自若として次の間へ立って行った。その一念も生じない後ろ姿を見送りながら「あれが巌の身です」と、武蔵が説明したと伝えられている。いまどきこんな話をすると、さっそく、それは封建的圧制だとか、人命軽視だとか叱られそうだが、いずれにしても、これは個我に執着して生死を超脱し得ないものには、とてもできない芸当である。巌の身は、いわば永生の確信から生まれる。その生死の両頭を截断した永生の確信、天に倚るの長剣を「巌の身」と名づけたところに、いかにも武蔵らしい野人的風貌がうかがわれて愉快である。テコでも動かぬかれの面魂は、そこに躍如としているようである。

「一生の間慾心なし」とか、「恋慕の思いなし」、「道に当りて死を厭はず」、「神仏を尊み神仏を頼まず」などという、「独行道」と称するかれの座右の銘のどの一つを見ても、そこには突兀たる巌の身の動かぬものを感ずる。

また、かれは実に多芸多能の人で、剣以外では殊に画に長じていた。かれの画は非常に強く、鋭い。鳥を描いても人物を写しても、そこに表現されているものは、結局はかれの剣であり、かれの人柄である。臨済の四料簡でいえば「境を奪って人を奪わず」に当たるものであろうか。ものされた画面全体に武蔵自身が立ちはだかって、われわれに迫ってくる、といった感じである。一切の題材は、要するに武蔵その人を表現するために使われた借りものにすぎない。

有名な円山応挙の門人に長沢蘆雪という画家がいるが、かれは武蔵とは反対に、その描こうとする対象の中に全く自分を没入して隠れきってしまったといわれる。本当のことかどうか知らないが、ある人がかれを訪ねたとき、画室の窓の障子に鷺の姿が映っていたそうである。やがてその人が画室に通されてみると、蘆雪が紙をのべて一心に鷺の絵を描いていた、という話が残っている。シナでも与可という人が竹を描くときには、かれ自身が全く竹になりきってしまったという話がある。これはさきの臨済の四料簡でいえば「人を奪って境を奪わず」で、自分は完全に対象の中に没入して面出《つら》しもしない。いわば、対象それ自身に換骨奪胎したものというべきであろう。

これは各自の性格にもよるし、修行の方法にもよるので、どちらがどうともいえないであろう。武蔵のように「兵法の理に任せて諸芸諸能の道と」したものと、ひたすらに万象の中にひそむ美しさを追求した蘆雪とでは、その表われ方が異なるのがあたりまえである。どちらにしても、いうべくして容易に到り得ない境地であるが、わたくし自身の体験では後者の方がむずかしいように思う。

中林梧竹は近代の書聖といわれた人であるが、かれは晩年になってはじめて「書は心画なり」ということの本当の意味がわかったといっている。それまでは何という字を書いてもみんな梧竹になってしまったが、心画の境地を体得してからは、極端にいえば春という字を書けばそこに何となく駘蕩たる気分が現われ、神と書けばこれに対する者に敬虔の情をひき起こさせる、といった具合になったということである。

これを前の話にあてはめれば、蘆雪は梧竹のいわゆる心画の境であり、武蔵はその以前の境位だということになりそうである。けれどもまた、武蔵と蘆雪とは同じことの両面だから一方ができれば他方も可能だといえるはずである。蘆雪も万境を奪ってことごとく蘆雪に同化してしまうこともできるだろうし、武蔵も己れを対象に与え尽くすこともできるわけである。ただ現存の作品から見れば武蔵の方が蘆雪よりはるかにすぐれていると思う。武蔵は「独行道」を座右の銘としているほど「独」に徹した人だから、いわゆる個性がつよく、したがって対象をみな自分に引きつけてしまうのであろう。

この場合、武蔵の独や個を、このごろの文学青年が黄色い声をはりあげていう個性や孤独と、言葉が似ているからといって混同されては困る。

武蔵は、十三から二十八、九までの間に、命がけの真剣勝負を六十余度もしている。しかも、それを三十歳を越えてから本ものではなかったと反省し、五十歳にしてはじめて「兵法の道にあふ」と、自ら述懐しているほどの豪の者である。その四十年の血みどろの修行を経て達した独であり、個である。とても文学青年輩の寄りつけるものではない。

だから、武蔵のいうそれは、臨済のいわゆる「人境倶に奪う」の境を経て達したところの、「人境倶に奪わ」ざる世界における個だと見てよいと思う。かれは「夫《それ》より以来は尋ね入るべき道なくして光陰を送」ったというが、その悠々自適の境涯は、人境倶に奪わざる事々無礙の世界でなければ、とても味わえるものではない。

わたくしはマチスが三メートルくらいの竿の先につけた木炭で、何間四方というような大画面に下絵を描いている写真を見たが、その長い線の強くて正しいのに驚いた。阪本雅城画伯にその話をしたら「マチスでもピカソでもとにかく一流といわれる人は、みんな活きものをつかんでいる」といわれた。いかに巧みに画論を展開しても、どんな高い芸術論をものしても、活きた線一本引けないのでは話にならぬ。フランスのルオーが裸婦の外郭線を一気に引きながら、この線を引くのに三十年かかったと語ったそうである。それについて山本発次郎氏が「わたくしはルオーやピカソにわが白隠の傑作を見せたならどんなに驚嘆するだろうかと思う。恐らく日頃自信に気負う二人とも、ジリ〱と汗を流しながら、ついに絵筆を投ずるにちがいない。ルオーの線にはたしかに三十年の苦心がうかがわれる。しかしながら、かれの三十年はその線を引くべく苦心工夫した三十年である。白隠にはあの悠暢深沈な線の引ける人間たるべく数十年難行刻苦の修練琢磨があった」(淡川康一氏著『白隠』による)といっている。まことに味わうべき言葉である。おそらく、詩でも俳句でも、眼の高い人が見たら同じことがいえると思う。

臨済ではないが、実際に人境倶奪した体験なくして、「人境倶に奪わず」底の個性などわかる道理がない。

わたくしのやった直心影流の剣では、「後来習態の容形を除き、本来清明の恒体に復する」ことを主眼として教える。その除かなければならないはずの「後来習態の容形」つまり生まれてからのちについた悪い習癖を、世間では個性だと錯覚している。個性とはただの特殊性というようなものではない。普通いわれている独自性とか個性とかは、その後来習態の容形か、さもなければ一方的に抽象的に考えられた妄想にすぎない。

そういう独自などという妄想を全く殺し尽くしてしまって、いわゆる死にきり、成りきりしてゆくとき、そこに自分にとっては絶対に他であるような全体的一者が、おのずから姿を現わしてくる。つまり「本来清明の恒体」が現われてくる。ただこの恒体という言葉には、うっかりすると実体的な存在を思い浮かべさせるような語弊があることに注意する必要がある。

それは個的多としての独自であるとともに、全体的一でもある。臨済はこれを無位の真人と呼ぶ。それは己れであるとともに己れではない。己れではないとともに己れである。大燈国師の言葉でいえば、「億劫相別れて須臾《しゅゆ》も離れず、尽日相対して刹那も対せ」ざるものがそれである。こういうものを本当の個性というべきであろう。

こういうところが手に入れば、「其間遠くば太刀の中る所まで行くべし。行付きたらば打つべし。其間近くば其儘打つべし。何の思惟も入るべからず」と、前章で夕雲先生が教えているような遊戯三昧の境に遊べるであろう。

そこでは武蔵のように一切の境を奪って、頂天立地の己れを表現しようと、蘆雪のように全く人を奪って境三昧に遊ぼうと、自由自在なはずである。

いずれにしても、「境を奪って人を奪わ」ぬ「独行道」の武蔵には妥協がない。世間普通に用いられている意味での政治性などは微塵も見られない。これは大の兵法――政治を念願した武蔵としては一見矛盾しているようでもあるが、しかし、巌の身を極則としたかれとしては、それが当然であったのだろう。

3

柳生流は正確には新陰流であるが、それは上泉伊勢守が愛洲《あいず》小七郎について陰流を学び、その印可を得たのちに「丸橋の道」を発明して新の字を冠したのだといわれている。

これについては、先師一徳斎先生はその『日本剣道史』において「惟ふに弱年より常州鹿島に赴いて松本（備前守政信）が秘太刀を研究し、業成て故郷に帰り、父秀継に就て愛洲陰流の蘊奥を学得したものであらう。新流を樹つるに二流の精神を融合して、神流と陰流の二字を合せて神陰と命ぜられた云々」と、述べられているが、上泉の自筆の伝書にはいずれも明瞭に「新陰」と書かれているので、この説は必ずしも正しいとはいえない。

新陰流の正統をつぐ柳生厳長先生の著『正伝・新陰流』によれば、松本備前守が大永四年（一五二四）に五十七歳で歿したという古記を信ずるとすれば、その年には信綱はわずか十七歳だから、とても秘奥をきわめて印可を受けたとは考えられないとしている。結局、愛洲移香から陰流を学んでこれを相伝し、さらに時代に適応するように工夫を施したので、新の字を冠したと見るのが至当ではないかと思われる。

その「新」とは、具体的には甲冑具足に身を固めて、柔道の自護体のような姿勢で、どちらかというと防護しつつ攻撃する介者剣法から、軽装で進退自由な自然体の積極戦法による、のちのいわゆる素肌剣法への一大革新をはかった点をいうのである。

永禄六年、彼の属した上州箕輪城主長野業盛が武田信玄に滅ぼされてからは、さまざまの境遇を経たが、高弟疋田《ひきだ》文五郎、鈴木意伯らを伴って回国修行に出で、永禄七年には京に上った。その間に、柳生宗厳や宝蔵院胤栄との出会いがあるわけである。

そして、元亀二年七月には、山科言継《ときつぐ》卿を通じて秘技を正親町天皇の上覧に供したといわれる。彼が従四位下に叙せられ、また伊勢守から武蔵守になったのも、そうしたことや将軍義昭に剣を教授したことに関係があるようである。なお彼は永禄八年から九年の間に、従来の秀綱を信綱に改めていることも、その伝書の署名によって知られる。

彼は身のたけ六尺、膂力衆にすぐれていたと伝えられる。しかも無類の達人であるにもかかわらず、平生非常に慎み深く、決して武芸者らしい面貌を示したことがなかったというが、さもあったろうとは『正伝・新陰流』に掲げられている永禄八年筆の伝書の文字を見てもうなずけるところである。

永禄八年は推定するに彼が年五十八歳の頃と思われるが、その筆の円熟して柔らかく、そして明く澄んだ様子は、とうてい尋常一様のものではない。強さは全くかげに隠れて表面には見ることもできない。『日本剣道史』には「平生尤も要慎深く」と記されているが、戦国の習いとして、いつ敵襲があるかも知れないから、用心深いのは元より当然であろうが、だからといって彼の場合はただの用心深さから武芸者ぶらなかったというのではなくて、彼の人物の深さ高さがすでにぶるというような低い段階にはなかったものと思う。

『武芸小伝』に記されている逸話、すなわち或る殺人をした賊が、幼児を人質として、民家の納屋に逃げ込んだのを、ちょうど通り合わせた信綱が、これまた通りすがりの僧から法衣を借り受け、頭を剃って出家の姿になり、握り飯を二つ持ってしずしずとその家に入り、一個を幼児にと投げ与えて賊を安心させ、もう一つをその賊にといって投げ出し、賊が手を出した間一髪の隙に乗じてこれを捕らえたというごときも、それを裏書きするものである。

そのとき、法衣を貸した僧が賞美して「君は誠に豪傑也、我僧たれども其勇剛に感ず、実に剣刃上の一句を悟る人なりとて、化羅（首から胸にかける略式の袈裟）を上泉に授て去る」と『武芸小伝』に三谷正直の談として載せられている。『正伝・新陰流』には、この逸話は尾張の妙興寺山内の出来事だという記録が、柳生家所蔵の「明話之目録」にある由である。

さて、しからば上泉信綱は「剣刃上の一句」を、どのように会得したのであろうか。

どういう書物に出ているのか出故はまだ調べていないが、『日本剣道史』に載せるところの彼の説、および理歌を孫引きしてその消息を窺ってみよう。彼は曰く、「兵法は人のたすけにつかふにあらず、進退ここに窮まりて一生一度の用に立つる為なれば、さのみ世間に能く見られたき事にあらず」と、まず断じている。世間の評判にかかずらって右顧左眄《うこさべん》しているような生ぬるいものではなく、ぎりぎりの生死岸頭に立つものが彼の一流の剣法なのである。

たとひ仕なしはやはらかに、上手と人には見らるるとも、毛頭も心の奥に正しからざる所あらば、

心のとはば如何答へん

仏教の言葉でいえば、正心、正意、正見をもって正精進する、そのほかに剣の肝要は何もないというのである。したがって「仕なしは見苦しくて初心の様に見ゆるとも、火炎の内に飛入り、磐石の下に敷かれても、滅せぬ心こそ、心と頼むあるじなれ」である。この「滅せぬ心」こそ、新陰一流の活公案である。この一句を咬破し来たらなければ、彼の剣刃上の妙用は徹見できないのである。如何なるかこれ「滅せぬ心！」

むかし大隋《だいずい》の法真禅師に向かって一僧が問うて曰く、「劫火洞然《とうねん》として大千倶《とも》に壊《え》す、いぶかし這《しゃ》箇《こ》、壊《え》か不壊《ふえ》か」と。そのとき大隋すこしも騒がず、「壊！」と、ズバリ切って捨てた。僧曰く「しからば、他に随い去るや」。大隋曰く「他に随い去る」と。

「他に随い去る」ところの、この「壊！」こそ、わが信綱のいわゆる「滅せぬ」心であり「心と頼むあるじ」すなわち絶対主体なのではないだろうか。

「火炎の中に飛入」れば焼け果てるかもしれない。「磐石の下に敷かれ」れば砕け去るでもあろう。そのような剣は一見弱そうに見え、かつ「初心の様に見ゆる」にちがいない。しかし、そこには強弱を絶し、勝敗を越え、全く「他に随い去る」ことによって、逆に主動性をあらわしてゆく剣刃上の一句がありはしないだろうか。

万縁万境に即応しつつこれに束縛されず、千変万化して自在性を発揮する万能的主動性は、これを「滅せぬ心」と言ってよいのではないだろうか。

一人の幼児を助け、万人の不安を救うためとはいえ、惜しげもなく黒髪を剃りおとし、僧形となった信綱の姿は決して剣豪の勇壮な姿ではなく、「見苦しく初心の様に見ゆる」ものかもしれない。だがよく見れば、そこには新陰流にいわゆる「心の下作り」の十分にできた、寸分隙のない、しかも余裕綽々とした、あたかも水の流れ、雲の行くような、滞りのない、柔軟で強靱な自在さが窺われるではないか。

このような彼の剣心不二の境涯は、当然、心の凝滞し、固定することを嫌う。

「心の止まり、居つく所ある内は、進む志はなし。
よしあしと思ふ心を打捨てて何事もなき身となりて見よ」

ちいさく固まって、畏縮するのも決してよいことではない。

「兵法は上嵩なるがよし、心の縮まるを嫌ふ。
雲の身に思ふ心も空なれば空といふこそもとで空なれ」

そのように畏縮せず、凝滞もせず、何事もない空の身、無の心になっていれば、おのずからつねにいわゆる朕兆未萌の先天の位に立って、自由に「先」をとることができるであろう。したがって敵に「水月の間境え」を越されて「間の内」にはいられ、先をとられるような不用意なことはないであろう。

「敵の動きの未だ無之以前に、先に進む志少にてもあれば、場より内へは聊爾に（かりそめにも）入こまれぬものなり、とまるにも進む志あれば、おのづからうつるなり。
おのづから映ればうつる映るとは月も思はず水も思はず」

こうなれば挙一明三で、籬の外の角を見れば、それが牛であるか、羊であるかは判然と知れる。

「蛇は頭一寸出て其長けを知る。
里はまだ降らざりけりと旅人のいふに山路の雪はながるる」

こういうところに「丸橋の道」があるのであろうか。

わたくしの修行した直心影流も同じ系統だから、丸橋を極意としている。山田一徳斎先生は「千仞の断崖上にかけられた丸木橋を無心で渡る心だ」と、丸橋について垂示されたことがある。『柳生流新秘抄』（正徳六年―一七一六）にも同様に書かれている。

たとへば川に丸木橋をかけ、是を渉らば少も片寄ることもならず、真中を単身にて直ぐに往より外はなし。方ならざれば、足を止べきやうもなし。身体八腑ともに止る心なく、唯一筋に行く心持を丸橋と云ふなり。

そしてさらに、それに続いて新秘抄には次のように述べてある。

敵何やうに打とも、小太刀を突支て千変万化にもかまはず、太刀のぴかりとする所へ、初一念を直ぐに打込むべきなり。

新陰流のことは知らないが、直心影流には丸橋という型が五本あるけれども、一本も『新秘抄』にいうような打込むところがない。「唯一筋に行く」というよりは、むしろ魯の如く愚の如く「流に随って性を認得す」る趣きがある。そこで私はかねてから「丸橋」は「まろばし」とよみ「転」を意味するのではないかと考え、それは、いまという時、ここという処に、全生命を打込んで、即時即処に円球を盤上に転ずるように円転無礙に真実を行じてゆくことだ、臨済のいわゆる境に乗ずる底の、自由無礙な絶対随順行が「転」の真意だと主張してきた。

宗厳の孫に当たる十兵衛三厳は、前にもふれたように「三の数」の勝理に達した人だといわれる。いわゆる先の太刀の勝よりは、太平の世にふさわしく受けて勝つ、後の先の太刀を旨としたと伝えられているが、それは転の道の勝理でなくてなんであろう。敵が打込んでくる、それを受ける、切り返す、という、この三の数の勝理は、のちに形式に流れて惰弱な華法になってしまったが、三厳の発明当時は、たしかに新しい刀法で、それこそ転《マロバ》しの道の具体的手法だったと思う。

わたくしの、丸橋はまろばしと読むべきだというこの推測は、正に的中していたのである。それは石舟斎宗厳十四代の正統者柳生厳長先生が、「師と友」の六十五号（昭和三十年三月号）に「柳生流道眼」と題してハッキリと書いているからである。それによると次のようである。

上泉伊勢守は若くして当時の剣術諸流を綜攬してこの習弊を改め、心法、刀法、身法の自然自由無礙、活潑々地を期し、「転」（まろばし）という一道を発顕して新陰流と号し、兵法革新の道業に成功した。

わたくしは青年のころ柳生厳長先生に知遇を得ていたので、あるいは記憶に残らない間にこのような「転」の話を聞いていたのかもしれない。それが成人してのち「丸橋」に逢着して工夫を凝らすうちに、フト意識の底から甦って自得の形で顕われたものかもしれない。それはとにかくとして、柳生先生は右の文章に引続いて、多分伝書だと思われる一連の文を引用している。

当流に構太刀を皆殺人刀と云ふ。構の無き所を何れのをも皆活人剣と云ふ。又構太刀を残らず截断して除《の》け、無き所を用ゆるに付き、其の生ずるにより活人剣と云ふ。口伝有之。

というのがその引用文であるが、それについては解説がない。

武蔵の『兵法三十五箇条』にも「うかうむかう」（有構無構）という項があって、「かまゆる心」があるから、「太刀も身も居付く」のだと戒めている。「かまへはなき心也」とも言っている。柳生流でもこの点を右の文章で指摘して「構太刀を残らず截断して除け、無き所を用ゆる」のが活人剣だといっているのである。この辺になると全く禅というほかはない。あたかも臨済の無依の道人の趣きがある。構え太刀、すなわち予め自己を是認して構え込んでいるのがいけないのである。そんな妄想を「残らず截断して」しまって、「無き所」から機に応じて任運自在に用いてゆくのが活人剣、すなわち万境に随って転じてゆくところの丸橋（まろばし）の妙用なのである。

なるほど、そういえば、たしかに柳生は「転」の名人である。眇たる柳生庄の一領主が、戦国乱世の間に踏み潰されもせず、転々として無礙自在な政治性を発揮しつつ、ついに一万二千石の大名の列に上り、徳川氏の「天下の御指南番」になったとはさすがである。武蔵のように「巌の身」などと、くらやみから引き出した牛のような野暮くさいことはいわず、まろばしと優にやさしく瀟洒にいいなして、しかもその文字も「丸橋」と風情ある使いこなしをしている頭のよさ、そこに武蔵と但馬の人間類型の相違があるのだろう。

それにしても同じ高嶺の月を指して一方はテコでも動かぬいわおだといい、片方はころころと自在に転ずるまろばしだという。この相違は一体何としたものであろう。

禅のほうで二十二祖とされるマヌラ尊者の偈に、

心は万境に随って転ず、転処実に能く幽なり。流れに随って性を認得すれば、喜もなく亦た憂もなし。

というのがある。これについて次のような逸話がある。

大応国師（南浦紹明禅師）が、筑前の横岳山におられたときのこと、ある日ちかくの曹洞宗の岩屋寺というのに、散歩にでも出られたついでに立ちよられたものと見える。そこの僧堂にたまたまこの偈が掲げられてあった。

国師は試みに堂中にいた首座《しゅそ》に向かって、

「この語をどう看るか？」

とたずねられた。首座は、

「当時の開山鉄壁和上は、学徒に主として幽の字を看せられました」

と答えた。国師は黙って帰られたが、帰るとすぐに侍者に告げていわれた。

「愍れむべし、かの一衆、恐らく猫の年が来ても悟れまい」

侍者はこれをきくと、

「それでは一体、どう看ればよろしいのでしょうか」

と教えを請うと、師は、

「如何なるかこれ転処の身、と拶してこそ、はじめて幽の字を悟ることができるだろう」

と、垂示されたとのことである。

侍者は、

「老師はなぜそのことを、先刻あの首座に教えられなかったのですか」

と、国師がいかにも不親切でもあるかのように、思わず詰《な》じるような語調でその真意をたずねた。

国師は、

「禅者は問われんことには答えんものじゃ」

と、答えられたという。

このホンのちょっとしたところに、曹洞禅と臨済禅との機微があるといえよう。同じ禅でありながら、一方は幽の体を重くみるし、片方では転の用を重視して、用の上に体そのものをみようとする。こういうところは見解というよりは、むしろ人間類型の相違といったほうが適切なのではないだろうか。いま武蔵と但馬にも、そんなところがあって、おもしろい対照をなしていると思う。

それはそれとしても、さてこの両者の対立は何としたものであろう。ここで私は、両人ともに縁のある沢庵和尚に登場を願って調停してもらうことにする。

4

石舟斎宗厳の孫、飛騨守宗冬が何かちょっと踏みすべらせたとき、沢庵和尚がそれを誡めるために贈ったというのが、例の『不動智神妙録』である。

これは文字通り「不動智」について語ったものであるから、まず第一にそのことを説明している。

「不動とは動かずと申す文字にて候」。これは沢庵をまつまでもなく、その通りに違いない。したがって、不動とは武蔵の用語でいいなおすと、巌の身のことになる。ところが沢庵は、その動かぬすなわち巌の身とは何かといえば、「動かずと申して、石か木かのやうに無性なる義理にてはなく候」と、武蔵の、くらやみの牛をたしなめるようなことをいってみせている。それどころか「向へも左へも右へも、十方八方へ心の動き度様に動きながら、卒度《そっと》も留《とどめ》ぬ心」が実は不動なのだといって、こんどは宗厳流のまろばしを持ちだして、柳生の顔も立てている。沢庵の八方美人式仲裁は、なかなか手が込んでいる。

結局、沢庵はこういうのである。不動（いわおの身）とは、「我心を動転せぬ事」なのだが、その動転しないというのは、「石か木かのやうに無性なる」死物になることではない。そうではなくて、「物に心をとどめぬことにて」、少しも停滞せずサラサラと水の流れるように行為する、つまりはまろばしの道のことなのである。だから、心が一物にとらわれ執着して動きのとれないのは「留ればうごき候」の道理で一見不動の境のように見えながら、その実は心が動揺して、外物のために動かされている状態なのである。そのような「とどまる心を迷と」いうのである。それに反して「たとへば十人して一太刀づつ我へ太刀を入るとも、一太刀を受流して跡に心をとどめず、跡をすて候ば、十人ながら一働をかかぬにて候」で、心が止まりさえしなければ、十人の敵に対しても一人に対するように自由に働けるのである。心はいつでもいま・ここに全面的に体当りしていなければならない。いま・ここに全面的に体当りしているということは、流動して留まらぬ不動の動ということでなければならない。ところが身はいま・ここの現実に直面しながら、心だけが何ものかに留まっているのは妄想というほかはない。心がそのように二つに割れていたり、何かに執着して止まっているのを、沢庵は「無明住地煩悩」というのである。その状態を「うごく」つまり、安定せずに動揺しているというのである。留まらぬ心とは、いつでも前後を際断した絶対の現在だから、「とどまらぬ心は色にも香にも移らぬ」不動のいわおだといわなければならぬ。その「移らぬ心の体を神ともいはひ、仏ともたっとび、禅心とも至極とも申」すので、それでこそ「転処実に能く幽なり」と言い得るのである。

武蔵と但馬の対立も、沢庵のこの動即不動、動静一如の弁証法的和解によって、他愛もなく言いくるめられて握手し、同時に禅と剣もやアやアとまたここで再会することになった次第である。まずはめでたし、めでたしである。

五　一法無外——へなへな剣の都治月丹

1

これまで何べんとなく述べたように、剣と禅とがその極致、ねらい所において一致することは疑いない。そういう意味でいうならば「諸道に通ず」といわれる禅と一致しないものは、おそらく一つもないであろう。茶も花も書もみな禅と一致する。それをもう一歩ふみこんで、はっきりと自分の剣は禅だと主張したものはないものだろうか。

前に述べた針谷夕雲などはもっとも禅的であるが、それでも剣の道を究尽するための補助手段として禅を用いたというほうが正しいであろう。ところがここに一人、寛文から享保にかけて名を謳われた剣客に都治月丹《つじげったん》（一七二七歿、七十九歳）がいて、明瞭に自分の剣は禅だと主張している。わたくしもかなり多くの伝書類を見たが、かれの伝書ほどその内容、文章等において充実したものはちょっと見当たらないと思う。古今随一だとは言えないまでも、少なくとも一流中の有力な一つであることは疑いない。

一体に剣者には無学なものが多く、勿体ぶった伝書は大てい儒者か僧侶の代筆に成ったものである。一刀流の仮名字目録といわれる免許状が、平仮名のたどたどしい文章であることが、かえって始祖一刀斎自身の手に成ったものだろうと珍重されるなどは、その反証だといってよい。

都治月丹は無外流の創始者で、かれの撰した皆伝の伝書を『無外真伝剣法訣』という。わたくしの想像では、たしかに月丹自身の書いたものだと思う。その伝書の末尾にこう書いている。

右無外真伝の剣法は、禅理を以て教導いたす処、貴殿禅学御了知の上、当流の剣法御懇望、且つ御篤志につき云々。

これらをみても明らかなように、この流儀は禅理をもって教導するのだから、必ず禅をやり、しかもそれが「了知」といえる程度に達していなければ許さないのがたてまえである。明治以後のことは知らないが、それ以前はこのたてまえが厳守されたものと思われる。わたくしの接した、そして伝書を写させてもらった無外流皆伝の前野先生は禅も印可の老居士であった。このように真向うから禅をうたっている流儀、あるいは伝書は、剣禅一致といわれる剣の世界においても稀有のことであろうと思う。わたくしは寡聞にして無外流の外には、まだ一つも見ていない。

月丹の高弟森下権平辰直は「無外流にては術ということを忌む。よって兵法の、兵道の、剣法のというなり。またこの流については、真ということを宗とするなり」と語ったという（平尾道雄氏『土佐武道史話』）。つまり、かれの剣は、それによって宇宙の真理、人間の道を究めるという主旨なのであろう。

さて、その都治月丹であるが、古いものでは『武術流祖禄』に、わずか三行、『撃剣叢談』に「軟弱なる兄弟」に助太刀して仇討の本懐を遂げさせた物語が出ているだけである（いずれも天保十四年刊行）。先師山田先生の『日本剣道史』と、平尾氏の『土佐武道史話』には、若干くわしく出ている。

しかしそれにしたところで、もともと大して資料がないのだから、そう詳細な紹介ができるわけがない。その他に昭和十三年に死んだ友人富永阿峡（前東福管長止渇室の縁者で同師に参じた）が、「剣人無外」という短篇を雑誌に発表している。かれがその資料をどこから得たかは、今となっては聞く由もない。

月丹の身許については『撃剣叢談』には「辻無外と云ふ者江戸小石川に住し、一流を弘めて名高し」とあるだけであるが、『武術流祖録』には「都治月丹資持」（伝書には資茂）は、「近江甲賀郡の人也。京師に到って山口流刀術を学び妙旨を悟る。工夫を加へて無外流と号す。後、東武に来り番町に居る。門人多と云。子孫世々其業を継ぎ山内家に仕ふ」とあるのがその全文である。月丹は近江国甲賀郡馬杉の郷士の出で、はじめは都治でなく辻と書いたものらしい。祖先は佐々木四郎高綱だという。富永阿峡の「剣人無外」によると、享保十九年に七十九歳で死んだことになっているが、『日本剣道史』には享保十二年歿とある。いずれにしても、それを基準に逆算すると、明暦または承応頃の生れということになる。

かれははじめ山口卜真斎という者について山口流を学び、延宝三年、二十六歳のときその印可を得たという。ただし『日本剣道史』には、月丹の自記によれば、伊藤大膳という達人から印可を得たとあるが、自ら諸侯に出した願書には山口卜真斎に学ぶ由を述べてあるので、あるいは伊藤は山口の前名かも知れぬ、これらの点は不審であるが後考を俟つ、と記している。その後、諸国を修行して歩いた末、江戸に出て麹町の九丁目に町道場を開いたということになっている。ところがその後になって自分の剣境に疑問を抱き、麻布吸江寺の石潭和尚に参禅し、朝参暮請、実に二十年に及んだという。

阿峡は主として、その間の辛苦を小説風に描いているのだが、その一説にこう書いている。

おそらく武士とも乞食とも判りかねる異様な風態、頭髪は延びるに任せて蓬の如く乱れ飛び、羽織の肩は摺り切れて下の着物が透いて見え、襞の判らぬよれよれになった木綿の袴を着し、その下の着物の裾から綿がはみ出し、それが地上に引きずっている。云々

若い頃は髪に油もつけず、紙で束ねていたので、ときにはそれが解けて風になびくのが凄味を加えたという。あるとき街を歩いていると、前から七人ほどの荒くれ武士が肩を組みながら大道せましとやってきた。月丹は側らに避けながら、

「各々方、通り筋はふさがれまいぞ！」と注意した。一人の侍が、

「編笠をつけたままで物申すとはけしからん。いったいその方は何者だ」と気色ばんでつめよった。

「ごもっともでござる」

月丹は、そういいながら悠然と笠をとった。そのとき例の元結がとけて、折からの北風が髪を顔にふきつけた。その顔を見ると侍たちは逃げるように立ち去ったという逸話が残っている。

貧乏時代はこのようにウラぶれた風体であったから、ときには不愉快な思いもしたものとみえる。あるとき門人の家に出稽古にゆき、一通りの稽古をすませて息を休ませていると、その家の下男が飛び出してきて、

「先生！　私にも一本お願いします」

といった。

無外の心の中を、ふと不愉快な思いが横ぎった。

「こやつ、おれの姿が見苦しいので、侮ってくみしやすしと見たか、無礼な奴！」

こう感じたが、さりげない様子で、

「いや、すこし疲れたからまたにせよ」

と、おだやかに断わった。

しかし一服しながら、ひそかに思い返してみると、心中なんとなく安らかでない。

「まてよ、これがもし、この家の主人の要求だったら自分はどうしたろう。本当に疲れていたにしても、おそらく相手をしたであろうに、相手が下男だからと断わったのは、自らをあざむき、他をいつわり、かつヒガむというものだ。こんな煩悩があってはとても大道の成就はおぼつかない」

こう反省した無外は、すぐに木刀を取ってパッと稽古場におどり出た。そしてすがすがしい気持で、その下男に稽古をつけたという。

そのときの術壊だというのに、
小車の夢ばかりなる世の中を何とていとふ身こそつらけれ
という一首が残されている。

かれには、そういうところがあった。

その頃の無外は、友人の好意でその離れに居候をさせてもらい、右のような風体で風の日も雨の夜も吸江寺に通ったのである。

石潭和尚が印可したとき、かれに一偈を与えている。

一法実無外　　乾坤得一貞

吹毛方納密　動著則光清

月丹が無外子または一法居士と号し、その流名を無外流と改めたのはこの偈に由来する。そのころ、師の卜真斎がたまたま江戸に出てきて月丹を訪い、ひさびさに手練を見たいと仕合を所望したが、三たび立合って三たびとも敗れたという。あるいは無外が師の前で、百目蠟燭をともし、それに向かって抜刀し、刃風でその火を消したので、卜真斎が驚嘆したとも伝えられている。かれには大名の弟子五十と称されるが、特に土佐山内侯の知遇を受けたので、その門葉が土佐に栄えたのである。かれが江戸の土佐藩邸に出入りをはじめたのは、五代の山内豊房の時代、宝永四年（一七〇七）の頃からだという。

2

かれは山口流の印可を得たのち、自ら未在と反省してからは、専ら真剣の素振りと坐禅とで練ったようである。二十年もの長い間、一切の欲情を断ち、孤独と貧困に徹し、友人のつけてくれた下男からさえ馬鹿にされながら、ひたすらに精進をつづけたのであった。

かれの剣はへなへなとして、相手には強いのか弱いのかわからなかったという。押してゆけばあとへ退るし、付け入って打とうとすれば風のようにすり抜ける。そのくせ、そのへなへなの袋竹刀が目の先にちらついて、どうにも打てなかったという。

ちょうど、幕末の男谷下総がどうやらそうだったらしい。相対してみるとさほど強いとも思えないが、いつの間にか雲に包まれたようになってしまって、手も足も出なかったといわれる。例の島田虎之助もはじめて仕合ったときは自分が勝ったと思ったが、井上伝兵衛に注意されて再び仕合をしたら、その雲気に包まれ、完全に参ってその弟子になったという有名な話がある。

また、清水次郎長が山岡鉄舟に真剣勝負の経験を物語ったとき、自分の刀で相手の刀を押してみて、押し返してくる相手は必ず切れる、しかし押してもそのまま押されている相手は恐ろしい、といっている。鉄舟がそんな場合にはどうするかと聞いたら、次郎長は、刃を引いて逃げるのだ、と答えたという。鉄舟もそれより方法はあるまいと笑ったという話もある。

これはひとり剣のみに限ったことではない。後藤象二郎がいつも術懐していたそうである。「自分は西郷南洲とよく議論をしたが、西郷は議論をしている間は黙っているので、いつでも自分が勝ったような気がする。ところがさて家に帰ってよく考えてみると、まるで松の大木に蝉がひとりで鳴いていたようなもので、自分のほうはなっておらんことが多かった」と。これが道元さんのいわれる柔輭《にゅうなん》心《しん》というものであろうか、剣のほうで俗に八方破れという「放つ位」なるものが、それであろうか。

無外はそのへなへな剣なのである。

けれども、またこんな話も伝わっている。

あるとき、庭で薪を割っている所へ、一人の武士が来てしきりに仕合を求めた。無外は黙々として返事もしない。武士はいらだったのか、

「無外流とはどんなものか、ぜひ見せてもらいたい」

と詰めよろうとした。その言葉が終わるか終わらぬうちに「こんなものだ！」と、手にした薪で一撃した、と。これは無外は無外でも、初代の月丹でなく、その弟子で二代目をついだ記摩多だともいわ

れ、正確ではないが、いずれにせよ、ここには禅機と相通ずる無外流の鋭い機鋒がうかがわれる。

わたくしは四十年ほど前、土佐に遊んだとき、高知の小高坂城内に陳列されていた無外愛用の袋竹刀を拝見して、覚えず舌を捲いたことがある。爾来無外の名はわたくしの脳裡に深く刻みつけられ、つねに畏敬して已まないのである。ビロードか何かの袋で割竹を包んだその袋竹刀は、驚くべし、物打の辺一寸ばかりの間がスリ切れているだけであった。おそらくこれで型を使ったか、あるいは仕合ったかしたのであろうが、敵を打撃したり、敵刀を受け流す場合に、そこだけしか使わなかった証拠である。間づもりの正確というのか、打撃の精錬というのか正に神技というほかには言いようがない。

かれは大名の弟子を持ち、立派な道場の主人たる身分になってからも石潭和尚の禅風を慕い、名利を避け枯淡を甘なって、ひと筋に塵外の一剣を磨いていた。その頃のこと、ある日、下谷の車坂付近で一連の美しい女性たちに出逢った。かれは従者に「あれは?」と、目をみはりながら訊ねたそうである。かれは芸者を知らなかったのである。

こうして無外の一法を受用しつつ、享保十二年六月二十三日、彼はいとも静かに床上に坐禅を組んだまま、禅僧のように坐亡してその七十九年の生涯を閉じたのである。ただしこの歿年は『日本剣道史』によるもので、富永阿峡は享保十九年説をとっている。そのどちらにしたところで、伝書を撰した年号から考え合わせると、いささか疑問がある。わたくしの所持する伝書には、明瞭に「延宝八年歳庚申、仲夏望日」とある。歿年が享保十二年で七十九歳とすると、延宝八年はかれが三十一歳のときである。『日本剣道史』には延宝三年に山口卜真斎から印可を受けたことになっており「時に廿六歳」とあるから、何か拠りどころがあるのだろう。いずれにしても山口流印可ののち参禅二十年にして桶底を脱し、無外流を名乗ったものとすれば、伝書の年月日が早すぎて勘定が合わない。どちらかに間違いがあるものと思うが、しかしこれは、わたくしのいまここでの任務ではないから、後日、心ある人の考証にまつことにしよう。

3

かれの撰に成る伝書『無外真伝剣法訣』は、壮麗な筆致の序文と「十訣」とから成っている。全文すべて漢文であるが、引用は便宜上仮名交り文に書き下しておく。

「夫れ撃剣の術は鎮国の大権、撥乱の要備也」からはじまり「吾れ焉《いずくん》ぞ庾《かく》さんや、吾れ焉ぞ庾さんや」に終わるその序文は、儒に入り、老荘に触れ、禅に及ぶ名文である。あるいは師の石潭和尚の補筆があったかもしれないが、後に記された「十訣」と相照応するところから見れば、全然門外の他人の筆になるものとも思われない。その全文をここに引用したいが、長いので割愛することにする。前に引用した「心手相称い、憶忘一の如し」などという句は、その序文中のものである。

「十訣」には、十本の剣名と、その注解が記されている。その剣名にしても獅王剣とか翻車刀、あるいは神明剣などは、どの流儀にも似たような名称があって珍しくないが、水月感応とか、玉簾不断、万法帰一などは無外流独特の禅的なものではないかと思う。

それに注解がことごとく禅語である。

たとえば翻車刀には「互換争う有るに似たり、鼓無、還って動かず」とある。鼓無の「無」は「舞」ではないかとも思われるが、これなど、どういう技のものかは知らなくとも、その剣名と語と照応してみると何となく想像できるような気がする。彼我互いに主となり客となって、双方の太刀があたかも車輪のように回転し、入り乱れて戦う、しかも中心一点の微動もないという技のように想像されるではないか。

獅王剣というのには、踞地の威、出窟の態、返擲の機と語をつけ、その後に「太極より出づる則《とき》んばその象を見難く、気象より発する則《とき》んば厥《そ》の痕《あと》を窮め易し」としてある。これなども臨済の四喝の一つのように、金毛の獅子が地に踞《うずくま》っているような、すさまじい気迫でジッと敵に対して構え、やがてその獅子が窟を出てゆくように敵を威圧しながら歩を進める。間《ま》に入った途端、おそらく圧迫された敵が苦しまぎれに打ち出したであろう一撃を、ハッシとばかりに斬り返すといった技のように想像される。その出窟も返擲も、太極と名づけられる絶対無の世界から、無心に音もなく色もなく発するから「その象《かたち》」を見ることができない。もしそうでなく、ホンのわずかでも動く気配があれば、その痕跡が象を残すからそこをしてやられる、というのが後の対句の意味であろう。

その他、玄夜刀というのには「暗裡に文彩を施し、明中に蹤《あと》を見ず」としている。いくら色彩《いろどり》鮮やかでも真っくらやみでは見ることができない。あれどもなきにひとしい。それに反し蹤形《あとかた》もないものは白昼でも見るわけにはいかない。ないかと思うとあり、あるかと思うとない。全く捉えどころのないかげろうのようなのがこの玄夜刀の妙趣であろう。水月感応には「氷壺、影像なく、猿猴、水月をとらう」とある。氷壺は心の清いことの形容だから、この語は透きとおって影のない無心の状態をいったものであろう。こういうものには、猿が水中の月を捉えようとするのと同じく、全く処置なしである。いかなる相手も手の下しようもあるまい。しかしまた、そういう心境でおってこそ、水の月を写すように、相手の動きはそのままに感応するわけであろう。

玉簾不断には、「牛頭没し、馬頭還る」「前波後波、相続して絶えず、忽ち没し忽ち回《かえ》る、心心不二」とある。玉簾とは滝のことである。牛頭、馬頭は男波女波のこと。つまり、滝は一滴一滴の水玉が次から次へと無数に連続して流れているのであるが、それがたった一本の線のように見える。われわれの心もそのように「念起念滅、前後別なし」で、男波女波の寄せては返すように「忽ち没し、忽ち回りつつ、畢竟「心心不二」なのである。いわゆる地限《ぎ》り、場限りで、端的只今の無限連続以外のものではない、只今を最高に充実して生きることが、時間を越えて永遠を生きる所以なのである。剣の妙諦は「玉簾不断」に尽きるといってもよい。

鳥王剣には「正令当行、十方坐断」「金翅鳥王、宇宙に当たる、箇中、誰かこれ出頭の人」とある。正令当行云々は、一刀下に迷悟、凡聖の一切を截断することであり、その太刀風の凄じさを金翅鳥王に譬えたものと思う。金翅鳥王というのは双翼の広さを九万里、つねに竜を取って餌としている鳥の王様である。その金翅鳥が両翼を天地一杯に広げて襲いかかったら、何人といえども面出《つら》しもならぬことというまでもない。山岡鉄舟翁の無刀流の正五典にも、金翅鳥王剣というのがある。大上段に振り冠って猛然と敵に迫り、渾身の力をこめて打ち落とす、さらに力を入れ替えて一刀を揮って敵を仕留めたのち、再び大上段でサラサラと引上げる、と小倉正恒氏は説明している。その技はともかく、無外流の金翅鳥王剣もおそらくは同じ気迫のものであろう。

そのあとに「附」として「短剣法訣」が記され、それが出身、応機、転身の三つに分けられている。まず「出身は水の科《あな》に盈《み》つるが如し」とある。水が高きより低きに流れるように、無理なく自然にサラサラと敵のふところに入って行くことであろう。次に「応機は鏡の台に当たるが如し」で、明鏡が対象を寸分も誤ることなく写し取るように、相手次第に適応していくことをいう。最後に「転身は環《たまき》の端なきが如し」で、玉の輪がキレ目なくグルグル回っているように、自由自在に渋滞なく身を転ずる働きをいうものであろう。

これらはすべて禅語であるが、これをみればそれぞれの太刀の心がどんなものか、よくわかるように思われる。それと同時に、その型も大体は推察できそうな気がする。これだけのものが書けるのは、無外によほどの素養があったと見なければならない。また、もし師の石潭が補筆したとすれば、石潭和尚もなかなか剣心の深い理解者だったというほかはない。

一番ふるっているのは、最後のしめくくりである。それは「万法帰一刀」と呼ぶ。それに着けた語が、なんと『碧巌録』第四十五則の公案そのままである。すなわち、

問うて云く、万法、一に帰す、一、いずれのところにか帰す。答えて云く、われ青州に在って一領の布衫《ふさん》を作る、重きこと七斤

とある。ただ「僧、趙州《じょうしゅう》に問う」とか「州云く」という固有名詞が省かれているだけである。

万法、つまりすべての存在は結局のところ、一に帰着する。キリスト教でいえば、神に帰着する。科学的にいえば、エネルギーに帰するといってもよい。禅は無の一字に帰するといってもよいであろう。一刀流では万刀一刀の帰すといっている。それはわかる。ではその一は、いったいどこに帰するのであろうか。こう問いつめられた趙州が、

「わしが青州にいたときに、一着のころもを作ったが、ナンと重さ七斤じゃったよ」

と答えたのである。

万刀は一刀に帰し、その一刀はまた万刀と展開する、ということであろうか。一即多、多即一ということなのだろうか。その一多相即不二の消息をハッキリ承知し、体得し、自由に用いこなすことだろうか。

無外流伝書には、万法帰一の公案を記したあとで、行をかえて、

「更に参ぜよ三十年」

と書き、その次に大きく一円相を描いている。まことに意味深長であり、無外その人の禅心の深さを示すもののようである。

都治月丹が、自鏡流の居合を取入れたといわれる無外流の居合が今日まで伝わっている。もと姫路藩の藩外不出の秘技だったといわれる。その秘太刀三本のうち、一番向上のものを「万法帰一刀」という。数歩あゆんで、腰の高さで横に抜き払うだけのものである。その刃音に逃れ去る敵をダラリと太刀を右手に提げて、魯の如く愚の如く、追いもせずに見送るのみである。この真境がモノになるには「更に参ぜよ三十年」どころか、おそらく生涯百錬万鍛、学び去り、修し来たってもなお容易には至り得ないであろう。

一刀流の仮名字免許に、
これのみとおもひきはめつゆくかずも上にありすゐまう《吹毛》のけん《剣》
とあるが、おそらくそれと同じ心持だと思う。禅でいう「白雲未在」である。永遠になおこれ未在である。そこではあるが、そこではない。これが極意だ、と思い極めたその境地も、山上更に山ありで

ある。停着することは許されない。「上に上あり吹毛の剣」「更参三十年」、どっかと尻を据えるべき極致とてはない。釈迦も達磨も、修行中である。「尚是未在、尚是未在」と願輪に鞭つのみである。しょせん肯定は、否定そのものの真っ只中にあるのであろう。

剣人無外が一流の奥秘を極め、師の印可を得て一たん教場を開いたのち、更に尚是未在と気づいて再行脚し、苦修二十年にして「一法実に外無し」と悟入した端的は果たして何であったろうか。かれが末期、坐定して入寂するまで一生受用したその吹毛剣は、上に上ありと伊藤一刀斎の詠じたように一生受用不尽底のものであったろう。十訣を撰し、その末尾に「更参三十年」と記し、一円相を画したとき、かれは謙虚にその自己の心境を吐露したのではなかったろうか。

六　必死三昧——平山子竜と仁王禅

1

前章には禅理をもって剣を使う無外流のことを書いたから、こんどはその反対の、禅に全く関係なく、しかもおのずから禅理にかなった剣者について述べてみよう。

それは、かの近藤重蔵、間宮林蔵とともに「蝦夷の三蔵」と呼ばれた幕末の奇傑平山行蔵のことである。

平山行蔵は宝暦九年（一七五九）十二月八日、江戸の四谷北伊賀町に、いわゆる伊賀衆の家に生まれた。名は潜、字は子竜、兵原とか運籌真人とか、号はずいぶんたくさんあったようである。

かれが生まれていくらもたたない明和八年（一七七一）には、ロシアの船が阿波に漂着したし、またた安永七年（一七七八）には、この頃日ソ交渉で問題になっている千島の国後島《くなしり》にロシア人がやってきた。それらの事件に刺激されて、心ある先覚は海防の急を唱えだしたが、一般の士民は浮華軽佻の絶頂にあった。旗本の二、三男は遊芸に凝って三味線だこを自慢にしたり、まげの結い方や衣類などのスタイルにばかり気を使って、細身の大小でゾロリとした風体が流行していた。そういう時代に人となった行蔵であるが、かれは世の風潮とは全く反し、さながら天正武士の面影があったと伝えられている。

着物は極寒にも袷一枚、足袋ははかず、裾みじかな袴の下から毛脛を出してさっそうと濶歩したという。晩年、病に臥したとき、松平定信が見舞として絹夜具を一重ね届けると、その夜具を上座に据えて丁寧に一礼し、ひと晩だけその夜具を用いたが、次の夜からは依然として薄い木綿の蒲団を一枚かけただけで、これまでのように板の間に寝た。何かの機会にこのことを伝え聞いた定信は、自分が悪かった、といって改めて木綿の夜具を贈った。これに感激した行蔵ははじめて板の間に寝るのをやめ、定信の贈った夜具の掛け蒲団を羽織って、簀の子の上に寝るようにしたということである。食物は玄米めしに生味噌と塩からい漬物だけ、決して湯茶は沸かさず、食後には冷水を飲んですませていた。一生独身で、書物と武器の間に埋まるようにして暮らした。

修業時代は毎朝七ツ（午前四時）にはきまって起き、冷水で身を浄め、祖先の霊を拝してから庭に出て、まず七尺五寸の白樫の棒を四百回ほど振った。それが終わると居合を抜くこと三百本、次には弓、次に鉄砲、それから槍の素振り、最後が馬。この朝稽古が判を押したように正確だったので、隣近所では「平山の七ツ時計」と呼んで、時間を測る標準にしていた。

しかも非常に孝心が厚く、晩年は中風気味で身体の不自由だった母親を背負って、母親の信仰する浅草の観音様へ欠かさずに月参りをした。

かれはいわゆる剣術遣いではない。かれは『武芸十八般略説』というものを書いているが、その中のどれも自分に行なえない武術は一つもないといっているように、弓馬槍剣はもとより、柔術、砲術に至るまで、文字通り十八般に通じていた。しかし、一番得意なのは何といっても、剣術と兵学とであった。

かれの剣は真貫流（または心貫流）で、幕臣山田茂兵衛について学んだ。師匠の山田茂兵衛も非常な硬骨漢だった。あるとき、神田佐久間町に火事があったが、それを将軍家治が富士見櫓の上から見物して、町民の右往左往するのを面白がってながめていた。これを堀端から見た茂兵衛は、「人民の苦しみを自らの苦しみとするのが上の者の心がけであるべきなのに、面白がって見物するとは何事か」と、切腹を覚悟で上書したという逸話の持主である。この師にしてこの弟子あり、とでもいうべきだろう。

この山田茂兵衛は松斎と号し、書道もなかなかの名手だったので、行蔵は剣ばかりでなく、松斎から書道も学んだようである。のちに岳飛を習ったといわれている。先師、山田一徳斎先生は平山行蔵が大好きで、よくその逸話を語られたが、特にかれが墨蹟をものするとき、「やっ！」と気合いをかけて筆を揮うと、墨が天井まではねたそうだと、いかにも我が意を得たといわんばかりに話されたものである。そして山田先生自身も、その勢いで揮毫されたものである。

行蔵はそのように兵学、武術に堪能だったばかりでなく、学問にも造詣深く、この方も非常に間口が広かった。その範囲は儒学はもちろん、農政、土木にまでわたっていた。著書五百巻というから、決して単なる一介の武弁者ではない。その上に憂国の志も厚くて『海防問答』を著わしたり、柴野栗山と計って自らロシアを討たんと画策するなど、到底一剣者のよくし得ないことをやってのけている。

その頃のかれの歌に、
魯西亜てふ仇し殺さばもののふの身をば蝦夷地の塊《つちくれ》とせむ

とあるのを見ても、かれの志の那辺にあったかを知ることができよう。

かれは自分の剣の流名を、師の山田松斎と相談の上、従来の真貫流の上に「忠孝」の二字を冠して、忠孝真貫流と称した。それは門弟帳の第一ページに「一、十四五歳カナラズ初陣《ういじん》、銘々主人御馬先ニ於テ、必ズ潔《いさぎよ》キ討死ヲ遂ゲ、忠孝ヲ立ツベキ事」と書いてあったのを見ればわかるように、武術というものは忠孝を貫き通すために修行するのだ、という意味からである。けれども、それでは槍や柔術等の十八般の一つ一つに、忠孝真貫とつけなければならず、それでは煩わしくなるという不便を感じたので、のちには武の方を一括して「講武実用流」と呼ぶことにした。同時に文の方は「構文実学派」と呼んだ。

かれはつねに六尺余の大太刀を横たえ、八貫目の鉄杖をつき、藁草履をはいて上っすべりした軽々しい連中の多い江戸の街を闊歩した。かれはまた武器を集め、兵書をひもとくことを楽しみにしたが、その読書の仕方は非常に変わっていた。槻《つき》の二尺四方の板の上に坐り、これに両の拳をコツコツと突きあてながら読書したという。そのために拳が石のように固まり、胸板くらいは突き砕くと豪語していた。その他、晩年になってのかれの唯一の楽しみは松平定信から毎月一本ずつ贈られる四斗樽から、冷やのままで一献傾けることであった。「武士の心を立て直そうと苦心されているお人から下さった米の水だ。わしの血の中に入って火のように燃えるわい」。こういって、盃をおしいただいてから傾ける行蔵の顔は、幸福そのもののようだったという。酔えば陶然として寒中でも屋上に上り、凍るような寒月に対して朗々として詩を吟じた。

かれはなかなか逸話に富んだ人なので、その二、三を拾ってかれの人となりを偲んでみよう。

かれがまだ修行中の、ある冬の真夜中のことである。ふと眼を覚ましたかれの脳裡に、昼間読んだ『長篠軍記』の鳥居強右衛門が、敵の重囲をのがれ出て味方の苦境を岡崎の本陣に知らせた一節が浮かんできた。あれがもしこんな晩で、しかも長時間、川の中にもぐり込んでいなければならなかったとすればどうだろう、果たして耐えられたろうか、そんなことを考えだしたらジッと寝ていられなくなった。さっそく起き出して風呂桶に水を汲み込み、ザブンとばかり飛込んでみた。身を刺すような冷たさに、さすがのかれも二、三十分でとび出してしまった。こんなことでは！　と、いろいろ考えた末、こんどは下腹を綿で包んで入ったら、何時間か耐えられたので、これで冬の陣にもさしつかえなしと、やっと安心して眠ったという。

かれの友人に清水赤城という兵学者があった。これも冬の寒い晩のこと、二人は連れ立って両国橋の上を通りかかった。いずれ劣らぬ強情者同士のことだから「戦争は暖かいときばかりとは限らぬ」というようなことから、二人で寒中水泳をやろうということになった。何回か泳いでから岸に上がったかれらは、

「やア、いい気持になった」

とばかり、やせ我慢を言い合い、詩か何か吟じながら帰路についた。折からプンと夜泣きそばの温かそうな香りが鼻をうつ。

「オイ清水、一杯食べていこう」

行蔵がこう誘うと、実は腹の虫がグウグウ鳴っていた清水だが、

「平山、戦場にソバ屋はないゾ」

と、皮肉な笑いを浮かべながら答えた。正直な行蔵は思わず頭をかいて、

「ホイ一本やられたワイ」

と、相顧みて大笑いした。

清水赤城は平山をへこませて愉快になり、サテ家に帰って思うよう「平山の奴め、よほど今夜の水泳には参ったと見える、今頃はきっと頭からフトンをかぶって震えているにちがいない」。そこで、草木も凍る真夜中に、平山家を不意におそったものである。案内知った友人の家のこと、黙って奥へ通ってみると、寒さに震えて寝込んでいるはずの行蔵は、火の気一つない部屋に素袷一枚で、例の板の上に端然と坐って兵書に読みふけっていた。その後、赤城が心から行蔵を尊敬するようになったことはいうまでもない。

尾藤二洲は行蔵にとっては昌平黌での師であるが、若き日の頼山陽が故あってその尾藤家に身を寄せていたことがある。ある日、山陽は二洲に向かって、

「先生！　平山先生は天下の豪傑と聞き及んでいますが、文章ではわたくしが必ず平山先生を泣かせて御覧に入れます」

こういって楠公父子訣別の文章を書いた。のちに二洲からその文章を見せられた行蔵は、これを読んで果たして泣いた。そして二洲から紹介された廿歳《はたち》そこその青年山陽を、上座に据えて激賞した。その頃の山陽は毎日酒に浸ってじだらくな日を送っていたが、それ以来、行蔵を訪ねては気炎を上げることがしばしばあった。正直一徹の行蔵は、いつも山陽を丁寧に待遇したので、くみしやすしと見て図にのった山陽はある朝も、例によって酒臭い息を吐きながら平山の兵原草廬にやってきた。そし

て酒代の無心を申し込んだ。しかし返事がないので、朦朧《もうろう》とした酔眼をこすりながら行蔵の顔を見上げた山陽は、思わずゾッとして頭から冷水を浴びせられたような気がして震え上ってしまった。

無言でジッと見据えている行蔵の眼光には、白刃よりも鋭い光がみなぎっていた。

「失礼申し上げました」、平グモのように頭を下げてわびたのち、山陽はホウホウのていで逃げ帰ったが、その後は一度も兵原草廬に姿を見せなかった。行蔵も山陽の名を生涯口にしなかったそうである。

こうした逸話の数々をのこしてかれは、文政十一年十二月、年七十で波瀾の生涯を終わっている。

2

かれの剣は、その弟子たちに一尺三寸の竹刀を持たせ、三尺三寸の竹刀を持った相手に立向かわせるのである。それもただ敵の胸板めがけて真一文字に突込ませるだけである。

かれに『剣説』という著述があって、僅々二千数百字の短篇であるが、わたくしは少年の頃から剣道書の随一と信じ、つねに経典のごとくに敬読している。その『剣説』に、

「夫剣術とは敵を殺伐する事也、其殺伐の念慮を驀直端的に敵心へ透徹するを以て最要とすることぞ」とある。実に簡明で、かつ適切に剣の道を喝破している。剣術というものは、平和をみだし正義を妨げる敵を打ち平らげる道である。そこには断じて妥協はない。身を挺して打倒するだけである。

一尺三寸の短剣をもって、真一文字に突進するのはその殺気透徹の修行にほかならない。

かれの剣は前にも記したように真貫流である。が『撃剣叢談』には心貫流と書かれて、その稽古の

仕方に二派あることが語られている。

一には紙に張たる笊をかつぎ、敵に縦《ほし》いままに頭上を打たせて向の太刀の来る筋の遠近を見覚ゆるなり。此方は短き橈《しない》を以て進み出るばかりにて業をなさず。眼明らかに成て後勝負太刀を授ると云。今一派は円座を負て同く短刀を提げて身を屈め、背を打せて進みよる也。

行蔵の派は前者で、敵刀が振り下ろされる刹那、一瞬を先んじて飛込んで死命を制するというやり方で、決して二の太刀を使わない激しいものである。行蔵の撰した『忠孝真貫流規則』にその説明がある。

当流ノ剣術、短刀ヲ用ルコトハ、格別ニ気勢ヲ引立ントノ仕懸ケナリ。(略)敵ノ撃刺ニカマハズ、コノ五体ヲ以テ敵ノ心胸ヲ突テ背後ニヌケトヲル心ニテ踏込ザレバ、敵ノ体ニトドカザルナリ。カクノ如ク、気勢一パイニ張リ満テ、日々月々精進シテ不捲、刻苦シテ不厭、思ヒヲ積ミ功ヲ尽ストキハ、シナイ太刀ヲ取テ立チ向ト、自然ト敵ガアトズサリヲシ、面ヲ引ヤウニナル。如此ナラザレバ、真実ノ勝負ハ中々存ジ寄ラザルコト也。

これを実証するものに、次のような話がある。

松江藩士、川上伝左衛門という不伝流の達人が、かねてから行蔵のバンカラぶりに反感を抱き「華美は風流の一種だ」といっていたが、あるときわざと、カブキ俳優のようなかっこうをして、平山の兵原草廬を訪れ、他流仕合を申し入れた。行蔵はあたかも不在中だったので、俗に兵原門下の四天王と称される下斗米《しもとまい》秀之進、吉里呑敵斎、小田武右衛門、松村伊三郎のうちの筆頭である下斗米秀之進(のちの相馬大作)が相手をした。そのとき川上は長さ六尺の竹刀を用いたが、秀之進は例の短い竹刀でこれに対した。互いにしばらくにらみ合っていたが、秀之進の「心胸ヲ突テ背後ニヌケトヲル」ような激しい気合いに押され、川上は思わずじりじりと後退した。そうなると隙も何もあったものではない。苦しまぎれに、ままよと打ち込もうとした途端、秀之進の猛烈な突きをくらってはじき飛ばされ、道場の羽目板に打ちつけられたということである。

　行蔵の剣には「架隔《かかく》とうけ、遮闌《しゃらん》とさへぎり、躱閃《たせん》とはづす」（剣説）ような技巧は一切無用とされる。敵が「撃チツ突キツスルコト」も全く無視し、ただ「ワレハ思ヒ込ミシ所ヲ只一刀ニ打チスヱル」のみである。もしわれの打ち込む一刀が「万一誤ることあらむその時、肝脳地に塗《まみ》れて而後已矣」である。このように「精一無雑、必死三昧なること、殆ど餓鷹《がよう》の鳥を搏《はく》し、餒虎《たいこ》の獣を攫《つか》むが如し。毫髪疑惧怯退の意なし。これを恐惧の関門を透得して独立自在の妙境に至ると云ふ」（剣説）のである。つまり心を純粋な状態に統一して、しかも必死の覚悟であること、ちょうど餓えた鷹か虎が餌に向かうときのように、一途でなければならぬ。そうすれば疑いだの恐れだの、たじろぎだのは、髪の毛一筋ほどもなくなってしまう。それを死の恐怖を乗り越え、何ものにも頼らない絶対的な自由の境地に至ったというのである。こういっているのである。まことに激烈無双というべきである。

　かれには別に『剣徴』の一巻があって、非常によくかれの精神のあるところを示しているので、試みにその二、三章を抜萃してみよう。

　荘子説剣篇、夫為レ剣者、後レ之以発、先レ之以至。（筆者訳、夫れ剣を為す者は、之れに後れて以て発し、之れに先んじて以て至る）。言ふ心は、此五尺の軀殻《くかく》（からだ）を敵の餌にして、じり〱と仕掛れば、いやとも敵より刀を打出さねばならぬぞ。夫に乗じて我が刀を打出す故、敵の末勢を受けて一ひしぎにする故、後るれども先だつに同じ。此趣意筆舌に述べ難し。躬行実践して自得すべし。悪く心得ぬれば、七分三分で打つの、或は四分六分の所にて打つのと云ふ。是は勘定算盤のつもり也。一息切断の場に立て豈此事有らんや。

これこそ前に引用した『撃剣叢談』に語るところの心貫流の真面目であり、また実はわが平山行蔵の、敵の刀など眼中になく、斬るなら斬れとばかり、自分の体全体を餌にして敵の心臓にぶつかっていくような実用流の真骨頂を示すものである。おそらく当時世間には、江戸柳生末派の三の数の勝というような算盤勘定が行なわれていたのであろう。行蔵はそういう技術がひどく嫌いだった。

楚辞九歌、首雖レ離兮心不レ懲（首離るといえども、心こりず）。

（略）言ふ心は首と胴体と離れ〴〵になるとも、精神は曾て畏懼《いく》、創傷せざるとなり。

漢書蒯通《カイヅウ》伝、猛虎之猶与、不レ如二蠭蠆《ホウタイ》之致一レ螫《カク》、孟賁之孤疑、不レ如二童子之必死一（猛虎の猶与（ぐずぐずする）は、蠭蠆（はち）の螫を致す（さす）にしかず、孟賁（勇士の名）の孤疑は、童子の必死にしかず）。

（略）今死生の場に立て、槍を合せ剣を接するの時に至て、遷延却退し或は回顧踟蹰するは皆茲に坐する者也。故に我が殺心気焔曾て発せず、精彩神元敵心に透徹せず、既に阿修羅界に在て猶ほ須臾の命根を保せんことを幸として、短き刀の陰に身をちぢめ、細き槍の柄に掩《おお》はれんことを欲す。其心の賤劣卑怯、喙《くちばし》を置くに所無し、是を以て坐《い》ながら敗亡をとって屍上猶ほ羞辱を余すに至る。吾党の士、請ふ此の魔界を脱出し、超然として神武の域に入らんことを。

呂子忠廉篇、要離曰、士患レ不レ勇耳、奚患二於不能一（士は勇ならざるを患うるのみ、なんぞ不能を患えん）。

（略）共に此の所わが絶命の地にて、只今国恩を報ずるの時節到来せりと心得て踏込むで無ければ、決して先登はならぬぞ（略）。

然れば今日、火箸に目鼻をつけたる如き瘠男《やせおとこ》にても、米一俵かつぎえぬ非力にても、武士の本分を尽す場に臨で、此勇猛心が堅固ならば、則ち一騎当千の士ぞ（略）。

淮南子主術訓、兵莫レ憯二於心一而莫邪為レ下（兵は心にいたむこと莫かれ、而して莫邪を下となす）言ふ心は、我が精神を以て敵の心魂を砕くほどするどなることは無し。莫邪《ばくや》の名剣も及ぶ所に非ずと也。是は蜀の馬稷が心攻心戦の説也。敵の根本を摧《くだ》きて見れば、枝葉は捨置きても破る、と云こと也。手先のわざは枝葉也。魂は根本也。敵の魂を摧《くだ》けば、手先の業は自ら用に達《た》たぬことになり行と也。我れ純一無雑、必死三昧の境に立ち、身を肉醤《にくしょう》になして敵を殺死せんと願欲する念慮気魄、驀直端的に敵の心に透徹とつらぬき、感動とひびけば功手上工のわざも用にたたぬぞ（略）。

今に技芸をなす者、敵に対するや否や、右と見せて左を打ち、裾と見せて首を打つ。一切みなだましたりすかしたりすることにかかって居る故、吾が殺気かつて敵の胴腹に透徹とつらぬかず、由て敵何とも思はず居るが故に、又自由自在なることをするぞ。非哉々々、如レ此にして生涯霜辛雪苦すと云ども、畢竟酔生夢死の場にてうだつのあがることは無き也。

その気魄のはげしさ、まことに一読して身震いのする文字である。いやしくも剣を口にするほどの者は、これを読んでは恥なきを得ないであろう。

わたしはこれらの書を読むとき、いつも白隠禅師と鈴木正三老人を思い浮かべるのが常である。白隠禅師はいわゆる無事禅を排し、いつも座下の雲衲を叱咤しては「居睡り坐禅をするくらいなら、ネジリ鉢巻でバクチでも打っている方がましだ」といったということであるが、その法語の随処に、この行蔵のような気魄がみなぎっている。紛起する妄想を坐断するには、あっけらかんとしていたのではだめだ。百万の大軍中に只一騎、槍をひねって突入するような気合でなければとてもできるものではないとは、しばしば繰り返して述べられている言葉である。

正三老人に至ってはさらにはげしいものがある。その語録『驢鞍橋』を見ても「自ら眼をすゑ、拳を握り、歯ぎしりして曰く、きっと張懸《はりか》けて守る時、何にても面《つら》を出す者なし、始終此の勇猛の機一つを以て、修行は成就する也」とか「我心は常住、槍先にきっと指向《さしむけ》たるが如し」とか、または「我れ平生、果し眼に成り、八幡と云てねぢまはし、じり〳〵と懸る機に成て居る也」など、有名な仁王禅、果し眼の念仏——死を期して戦うときの心境になって唱える念仏を挙揚しているが、これなども行蔵の『剣説』と全くその気合を一つにしている。

数えきれないほどの長い過去の生活の場で積み重ねてきた煩悩妄想が、アッカ呆然《ぼうぜん》と居睡り半分で坐禅したとて根切りにならぬこと、たしかに正三老人のいうとおりである。行蔵の『剣説』のように「精一無雑、必死三昧なること、殆んど餓鷹の鳥を搏し、餒虎の獣を攫む」ような、必死の勢いで勇猛の一機を憤発しなければ、命根を断じ、仏道を成ずるなどは、到底夢にだもみることはできないであろう。

東嶺禅師が「臘八示衆」の中に、山梨平四郎の悟入の状況を精彩ある筆致で叙べていることは有名であるが、それによると平四郎は『沢水法語』の「勇猛の衆生のためには成仏一念にあり、懈怠《けたい》の衆生のためには涅槃三祇に亘る」という言葉に激発されたとある。たしかに〝何くそッ〟とやれば悟りは瞬間であるが、グズカワと怠け怠けやったのでは、猫の年がきても埒《らち》はあくまい。坐禅はしょせん、勇猛の一機を尊ぶものである。

また、東嶺禅師は同じ書物の中で、達磨大師の「心、牆壁の如くにして以て道に入るべし」という語を解して、牆壁の如し——心を何ものも寄せつけない城壁のようにするとは「真向進前」のことだと言っている。これなども行蔵説くところの驀直《まくじき》端的と語感が非常によく似ている。

白隠、東嶺、正三等の諸聖の言葉と、上に掲げた平山行蔵の説とはこのように符節を合して一つである。これを剣の用語でいえば「先」ということになるであろう。「先」はくわしくは、体、相、用に分けてこれを説くことができるが、ひっきょう、行蔵のいうように、相手が打とうが突こうが一切頓着せず、それらについて回らずに、われは根源から、ただ一筋に発し、先天的な立場なき立場から純粋に攻撃三昧になることと思えばよい。剣の練り所は、ただこれのみといっても過言ではあるまいと思う。

宮本武蔵は『五輪の書』で、「先」には、懸の先、待の先、体々の先の三つあることを示している。懸の先は、こちらから仕懸《しかけ》る先で、いわゆる先手をとること、待の先は後《ご》の先のこと、体々の先は、俗にいう相打ちで、相手と一拍子になって勝つことである。武蔵は、先にはこの三つの場合しかないといっている。それはいずれにしても、普通「先」とは時間上の先後と考えられているようである。先を形の上からみればむろんそれに相違ないけれど、ただそれだけのことならばそれは全く行蔵のいわゆる「手先のわざ」であって、技術的な工夫で事足りるはずで、山岡鉄舟ほどの人が「剣を学び心を労すること数十年」と述懐するほどに、心をくだく価値のある問題ではあるまいと思う。

先々の先、後の先、後々の先などといって、いついかなる「時」でも「先」を取るということは、そんな時間上のあとさきや手先のわざのことではなく、父母未生以前などといわれるような、形象以前の先天的根源からジカに行為に現われることだと、わたくしは考えている。分別以前の世界からジカづけに行為に現われるものが「先」である。それは時間的、経験的世界の出来事や、分別的な自己意識の場でのものではなく、鉄舟翁が前の句に続いていっているような「一朝塁壁《るいへき》みな摧破」した世界、すべての固定した観念や、捉われを悉く粉砕し、いわば自己の全く死にきった世界から出てくるはたらきである。

分別的、揀択的な意識の次元では、どんなに敏捷にふるまっても、しょせん夕雲先生の、いわゆる「畜生兵法」になってしまう。先天の世界、根源的主体としての無、そこから発する太刀や行為であってはじめて、本当の「先」ということができる。

神と尊んでも、仏と崇めてもよいし、または道でも法でも、あるいは絶対者でもよい。とにかくそのような絶対主体的なあるものが、自己を全く放ち忘れた人の行為の一つ一つにその姿を露《あら》わにする。したがって、その行為の一つ一つが絶対的であり、宇宙的である。そういった全体作用、即今即処の一事に絶対を行ずる、それが「先」というものであろう。

平山行蔵がやかましくいうところの「精一無雑、必死三昧」とは、実にそのような「先」の本体を体究錬磨させる婆心にほかならないのである。

このような先の本体が、相として現われるすがたは当然武蔵のいう有構無構で、これときまりきった固定的な相があるべきはずがない。構えはあってなく、あたかも水流のように敵状の如何によって自由無礙に転化すべきものであること、もとよりいうまでもないことであろう。けれども人は容易に構えを超越できないものである。すべてに構えたがるのが、世の人のつねである。あながちスタイリストばかりが構えるものとは限らない。

構えは「有って無し」という武蔵の言葉は、決して未熟者のいえることではない。いや、よほどのものでも、理窟ならいえようが、実際には容易にできるものではない。八方破れの「放つ位」で、サアどこからでも来いと、日常ストリップでいられるものはまずなかろう。孔子のように「心の欲する所に従って矩をこえず」という境涯にならなければ、到底構えなしということにはなるまいと思う。

禅も結局は、この構えのないのが極意ではないだろうか。

臨済禅師はしきりに「無依」とか「無住処」とか言っているが、その依存したり止まったりするところなく、何ものにも住着しない丸裸のところが禅の真風であろう。

臨済の「無依」はまた「無衣」でもある。人はしょせんはだかにはなりがたいとみえる。必ず何らかの衣裳を身につけている。名誉とか地位とかもそれだろうし、学問とか知識とかもそれである。イデオロギーやイズムも近代人の好む衣裳である。臨済はそれらの何ものかに依存するものを「依草附木の精霊」と罵倒している。お化けは木の葉か草に依存しなければ、それ自体では現われられない。それらの衣裳をすべて脱ぎすててしまい、全くのストリップになりきって物と拘らざる透脱自在なのが「無依」であり、構えなしというものである。

この無依であり、無衣であり、そして無位であり、さらに無畏であるもの、そこに構えてしかも構えざる境涯がある。

結局は武蔵のいうように太刀は「其敵切り能きやうに持つ」だけのことである。これが先の正しい相というべきであろう。

先の用は、以上のことからこれまた当然に、「太刀のぴかりとする所へ、初一念を直ぐに打込む」(柳生流新秘抄)という、一拍子の勝ということになる。俗にいう相討ちというのもそれであろう。通常、剣には剣の事理に立った条理というものがあるが、先の作用はそのような条理を超絶している。

道元禅師が「魚の水を行に、ゆけども水のきはなく、鳥そらをとぶに、とぶといへどもそらのきはなし」といい、「用大のときは使大」に、「要小のときは使小」に、「頭々に辺際をつく」し「処々に蹈翻」する(正法眼蔵・現成公案)といわれたのは、ちょうどこの場合に適切な言葉だと思う。

魚が水中を泳ぐときは、ことさらに思わなくても本来的に水と一体だから泳げるのであり、鳥の空を飛ぶにも同様に鳥空元来一つだからこそ飛べるのである。したがって、もし鳥や魚が大きくはたらかなければならないときには、おのずから水や空を一杯に用いているし、小さく飛んだり泳いだりするときは、少しの水や空気を使うだけで事がすむというものである。そのようにして「頭々」すなわちそれぞれの物事の一つ一つがどれもこれもその辺際をつくし、全自己の総力をあげて宇宙的な活動をし、「処々」に、つまり随在随処に天地をもヒックリ返すような一如の行をなしつつあるのである。そういうはたらきが本当の用というもので、いま先の用というときそういうものを指しているのである。

勝海舟翁が、仕事をするのに一所懸命やるようではまだ駄目だといっているが、先の体、相、用は、一所懸命から入って、その極まるところかえってそれを抜け出した任運騰々——自然に任せ、その時と処に適応した働きをするところにあるものである。こう考えてくれば、先の用また大なるかなといわなければならない。

しかし武は十八般をきわめ、文は百家を兼ねた行蔵であるが、どういう見解からか知らないが、仏教や禅にはついに一言も言及していない。床の間にはいつも諸葛孔明の画像を掛け、『孫子折衷』を著述するときなど肩衣をつけて厳かに威儀を正し、岳飛の忠節を尊敬してその書を学んだという平山行蔵は、その剣の流名のように忠孝一貫の典型的武人であった。その仏や禅に一言もふれない武人の説く『剣説』が、白隠、東嶺、正三等の禅者の説と全く符合するのはなぜであろうか。剣、禅のねらうところが一つであることは、この一事をもっても知ることができるのではないだろうか。

白隠、東嶺、正三の勇猛心を強調する所以が、いわゆる命根を断じて祖庭に游戯するにあることはいうまでもあるまい。わが平山行蔵の殺気貫冲の論もその『剣説』にいうごとく「恐惧の関門を透得して独立自在の妙境に至る」ためには、「武芸より入らずしては此殺心怒機を引きおこすべき術」がないからこその、便宜の手段であること、前にも述べたように改めて断わるまでもあるまいと思う。

由来宗教家はやたらむしょうに一超直入如来地を妄想し、帰家穏坐を強調しすぎる癖があるが、その行きすぎはかえって一つの弊となる。それは竹刀を一ぺんも握ったことのないものに、武蔵や但馬や夕雲のような百錬万鍛、霜辛雪苦ののち、かろうじて味わうことのできた無刀の境涯を説くのと同じことで、全く似て非なる相似禅に陥りやすい弊害がある。

剣において一切の構太刀を超絶し、先後にかかわらず、天真無礙、任運流水にも似た自在境「放ツ位」に逍遙する――行蔵のいわゆる独立自在の妙境とはそれだと思うが、そこに至るためにこそ、まず放身捨命、精一無雑、必死三昧の勇猛精進を、勝敗という顕然たる明白の事実の上で修しなければならないのである。禅もまた正三老人の提唱するように仁王、不動の機を受けて大勇猛心をふるい起こし、断命根を行ずることがゆるがせにされては、真風地を払うほかはないであろう。

子竜、平山行蔵こそ、この意味で仏の一字、禅の片言すら口にしなかったにかかわらず、真の剣禅一如の達人であると思う。横山健堂氏がその著『日本武道史』において、かれを古今未曾有とし、また「武聖」と称するも不可なし、と述べているのもまた決してゆえなしとしないのである。

彼は文政十一年、七十歳を迎えたが初夏の頃から病にかかり、再起不可能と見えた。八月の暑い日に土佐の森四郎が訪ねて武芸の型を見せてほしいと所望した。森自身、心の内に、きっと断わるだろうと予期していたが、行蔵はよしとばかりに一貫六百匁の鉄棒を取って庭におり立った。歩行もむずかしいと危ぶまれた病人が、気合いとともに身構えると、こはいかに、とたんに凛々たる体のこなしとなってビュンビュンと風をきって鉄棒を振り下ろす気迫は、あたりを圧倒するばかりだったという。その年の十二月、さしもの豪傑も、ついに眠るがごとくに大往生をとげたのであった。

3

現在まで残っている剣道の諸流派の中で、平山兵原の気分に一番似ているのは鹿児島に伝わる自現流だろうと思う。

昭和五、六年頃のこと、明治神宮の鎮座十年祭に当たって、全国から柔剣道三百何流か選ばれ、二日間にわたって日比谷公会堂でその秘技が公開された。こういう催しはこれがはじめてだったと思う。その後、松本学氏の手で古武道保存会が作られ、何十流かの人々が参加して終戦まで年々演技が行なわれたが、戦後も一、二度行なわれたようである。

その明治神宮鎮座十年祭のとき、わたくしも直心影流法定を奉納したが、後藤隆之助氏が二日間参観した結果、最もすぐれたものとして選ばれたのが自現流と、わたくしどもの直心影流とだった。そのためわたくしは後藤隆之助氏が所長をしていた、大日本聯合青年団、青年講習所の剣道の先生を何年かやったことがある。

実はわたくしも、そのときはじめて自現流の型を見たのだが、その気迫のこもった真剣の演技には感嘆したものである。

自現流は示現流、自顕流、自源流等いろいろに書かれていて、どれが本当か知らないが、昔は天真正自顕流と呼んだものらしい。

これは例の天真正伝神道流の飯篠長威斎家直の三代目、飯篠若狭守の門人に、十時《ととき》与三右衛門尉長宗(一説には奥三右衛門長宗)というものがいたが、非常に剛毅な上に剣の達人で、はやく秘伝を授けられ、師の若狭守とも相打ちするほどのものだった。

長宗のある日思うには「自分はすでに師と相打ちの腕前ではあるが、しかし顧みて肯心みずから許すわけには行かない。何となく釈然としないところがある。この上は神の加護によるほかはない」ということだった。

そこで香取神宮に祈願をこめ、一七日の参籠をした。満願の日、長宗が社殿を降りようとすると、どこからともなく一羽の燕が飛んできた。その刹那、長宗は全く無心で抜討ちに斬りつけると、燕は頭から切られて真ッ二つになって落ちた。

そのときの秘術を書いたものを「飛燕の巻」と呼び、それ以来名づけた「天真正自顕流」の極意とした。そのほかに尊形、聞書、察見の三巻を著わし、それらをも併せてその流の真意として伝えた。その唯授一人の伝を受けたのが金子新九郎威貞、威貞の後を嗣いだのが赤坂弥九郎政雅《まさのり》である。

弥九郎政雅は少年のころから父の仇を討つべく新九郎威貞の門で剣を学んだのだが、十九歳のとき、めでたく仇討の本懐をとげた。しかし、よく考えてみれば、父の仇とはいえ人を殺して立身出世するのは士たるものの本意ではない。彼はこの疑問に深刻に悩んだが、ついに翻然と悟るところあり、会津の曹洞宗の巨刹、天寧寺に入り、曇吉和尚の弟子として出家得道し、善吉と称した。時に、天正四年(一五七六)のことだという。のち、師の曇吉和尚が京都に天寧寺を創建する際、善吉和尚もこれに随従して、そのことに奔走した。

天正十六年というから善吉和尚三十一歳のときに当たるわけだが、はしなくも薩摩の剣客東郷藤兵衛重位《しげのり》にめぐりあい、重位に一切の秘伝を授けたのが、現在まで残っている野太刀示現流だということである。

善吉和尚は永禄三年九月五日遷化したが、その遺偈には、

透得宗門第一関　齢年安住万松山
末期振威喝一喝　霹靂声中閑又閑

とある。

いまから三十年も、あるいはもっと前だったろうか。誰かの小説で善吉と東郷重位との邂逅の一節を読んだのを記憶している。細かい点は忘れたが、印象に残っているのは次のようなことである。

曇吉和尚の創建した京都の天寧寺であろう、それがどこにあったのかも調べてみないが、ある朝、東郷重位は、その寺の生垣に添って歩いていた。すると突如、もの凄い気合いの声に思わずビクリとした。

彼も武芸者であるから油断なく四辺を見回したが、深閑として人の気配もない。寺門から武者声や気合いが起こる道理はない。彼は不思議に思い、足を止めて様子をうかがっていると、フト耳に爽かな声が流れ込んできた。それは、
　濁り江にうつらぬ月の光かな
という、俳句か、和歌の上の句と思われるものだった。

声の主を求めてみたら、生垣の内に一人の中年の僧が竹箒を手にして、庭の落葉を掃き寄せているところだった。重位は、

「ハテナ、わしはあの僧の咳ばらいか何かを、気合の声と聞き違えたものだろうか。それにしては随分と鋭いものだったが……」

こうつぶやきながら、疑いのはれぬままに、その場を立ち去ろうとした。

その瞬間、彼はもう一度僧の姿を垣間見て思わずタジタジとした。

僧は落葉を掃き終わって一カ所に積み上げると、手にした箒を取り直し、あたかも剣の道の「斜」

の構えのような格好をした。一瞬、いままでの行ない澄ました僧のたたずまいは跡をも止めず、重位がそこに見出したのは、容貌はまるで鬼神のように厳粛勇猛の気があふれて寸分の隙もなく、凛々たる気迫は何人も近より難い有様だった。

「ウウッ！」

と低く、含んだような声で僧は気合いをこめたようだった。重位は、その恐ろしい迫力に圧倒されて、足もすくむ思いがした。

しかし、瞬時の後には、僧は元の静かな姿に戻っていて、何事もなかったようにスタコラと坊主頭をふりふり庫裡の方に帰って行った。

重位には、いくら考えてもその謎が解けなかった。僧侶の身で剣の心得があるとは考えられず、といって剣に達せずにあの気迫、あの身構えができるわけがない。考えれば考えるほどわからなくなる。

その小説によれば、その後、何日か経って、重位自身だったか、あるいは他の侍だったか、とにかく一人の侍が荒れ馬を御しきれず、あわや小児を馬蹄にかけようとした刹那、突如一人の僧が現われて鉄如意で荒れ馬の足を払って小児を救った。それが善吉和尚だった。そのときの動作で非常な剣の達人ということが重位に知られ、ついに教えを乞うことになった、とあったように記憶している。

示現流の特長は一人を相手にせず、多勢の雑兵に取り囲まれたという想定の下に、長さ四、五尺の丸木の太刀で、左右の八相から横木または立木を打つのであるが、その際「イヤーッ」というような長く猛烈な掛声を発する。

右の善吉和尚の小説中に「意地の修行」といって、正坐して左右の手に各一本ずつ木剣を握り、その握りを締めながら猛烈な気合でウムッと気力をこめる修行をするところが描かれていた。そのため木剣の柄が指の跡なりに凹んだと書いてあった。東郷重位は薩州公の面前でその気合いで相手を倒したと覚えているのだが……。

その「意地の修行」について、戦時中鹿児島に行った際、薬丸流の勝目清さんにそのことを聞いて見たが、そんな修行はしていないとのことだった。鹿児島の歴史館かで、善吉和尚が長い木太刀を前に坐禅をしている肖像画を見たが、あるいは小説の作者が、そんなところにヒントを得て書いたフィクションかも知れない。

元現流は一見粗野に見えるが、さすがに禅者が伝えたといわれるだけに、仔細に点検すれば禅機が横溢している。あたかも平山行蔵か鈴木正三の説いたことを地で行なっているような捨身の猛気迫は、後藤隆之助氏の見たように、たしかに現在では得難いもので、わが直心影流と好一対の真の剣道、大丈夫の剣であると信ずる。

わたくしはその伝書類も見ておらず、先師の『日本剣道史』にも「伝流詳かならず」とあるように、伝流や内実を知らずに論断するのは早計のそしりを免れないかも知れないが、数度拝見した稽古ぶりからも、善吉和尚の遺偈にあるような「霹靂声中、閑又閑」といった趣きのあることは十分に知られるのである。剣者にして禅者、禅者にして剣者たる善吉和尚も、また平山子竜に劣らぬ達人と言わなければなるまい。

群馬県吉井町馬庭《まにわ》に、樋口氏という名家があって、慶長年間から現在に至るおよそ三百数十年の間、綿々脈々として念流の剣法を伝承して二十四世に及んでいる。これまた、ある意味では実用流の気迫を具えた流儀である。

先師山田一徳斎先生は『日本剣道史』において「この念流中に最も名の聞えてゐるのは、右にいふ樋口家で、明治維新の後までも斯業を継続してあるのは、史上に其功績没すべからざるものであらう」と賞讃しているが、たしかにこのような例は決して多くはない。尾張柳生家の新陰流と、この樋口家の念流くらいのものではないだろうか。

その樋口家の二十四世、樋口昇氏と、念流保存会長、宮沢一郎氏の共著である『念流の伝統と業蹟』によると、

念流とは奥州相馬四郎義元の工夫感得せる剣法にして、晩年自ら念大和尚と称し、剣法を世に弘めたるためこれを念流という。

とある。

相馬四郎義元の父は四郎左衛門尉忠重と呼び、もと新田義貞の家臣だったが、何かの事から同僚に殺害された。そのために当時まだ幼少だった義元は武州に逃れ、仏門に入って身を全うした。そして鎌倉の寿福寺と、京都の鞍馬寺とで僧侶から剣法を授けられ、慶長年間ついに相馬で父の仇を討った。晩年は信州伊那郡浪合《なみあい》というところに摩利支天を本尊とする一寺を建立し、みずから念大和尚と号して剣法を指南したというのが、樋口家に伝えられるところの念流の発祥である。この念大和尚は名を慈恩と呼んだということであるが、先師山田先生は『日本剣道史』でこの樋口家の伝承を否定し、「例の無形慈恩で正説とは思はれない」と言って、古来の『武術流祖録』や『撃剣叢談』の説を採っている。

『武術流祖録』には、

念流　上坂半左衛門安久

始（め）済家の僧也。刀術を好み、精妙を悟りひそかに念流と号す。その門に中山角兵衛家吉、宗を得たり云々。

とある。

また、『撃剣叢談』には、

念流は、上坂半左衛門安久と云ふ者一流を創立して正伝念流未来記兵法と称す。

と書き起こし、かなり詳しくこの流儀の特長を述べている。

山田先生は、この上坂安久説を採って「樋口氏は木曾義仲の家臣、樋口次郎兼光から出て、数世の後、上州馬庭村に土着し、又七郎定次の時、剣法に名があった」と記している。

この定次ははじめ家伝の神刀流を学んだが、のち友松偽庵という眼科医について念流を習い、ついにその八世を継ぎ、中興の祖といわれる名人となった人である。彼は、つねに門人に向かって、「決して人と争わず、争いを好まず、事に当たっては難を避けることをこそ先ず考えよ」と訓えたといわれ、またその伝書にも「念流とはこれ処世の道なり」とか、「勝負を仕掛けられても敵をあやめずと記されているという。これは念流本来の精神であるとともに、又七郎定次その人の人となりでもあったようである。

そのような精神で念流を中興し、その教習の体系を整えた定次が、已むを得ない事情から念流の名誉のため、高崎藩剣道師範村上天竜なるものと試合し、ついにこれを一撃の下にたおした事件がある。

その経緯を書いた小説を二、三年前に読んだことがあるが、いまは題名も作者も忘れてしまった。ところが定次は、その試合に勝ったのち、杳《よう》としてその消息を絶ってしまった。一説には、平素みずから門弟に訓えた言葉に反する行為をしなければならない羽目に立ち、それがたとい流儀のために万已むを得ない事情によるとは言いながらも、みずから自身の訓えを破ったことを恥じて身を隠し、武道で、天竜の門下の多勢に取り囲まれて殺されたのではないか、とも見られている。樋口家の口伝にも定次の行方については伏せられているので、その点からみても、どうやら、あとの説が本当なのではないかと思われる。

『撃剣叢談』に「念流の本旨といふは、一念を以て勝つを主とす。右の手を切らるれば左の手にて詰め、左右の手なくば嚙付ても一念を徹すると云伝授也」とある。

『日本剣道史』にも「一念を太刀先に籠て敵に肉薄する。つまり余念を容れぬ意味で、念々修業の功を積めば、豁然大悟の域に至るといふに外ならない」と述べられている。流祖の上坂半左衛門安久は、もと臨済宗の僧であったが、還俗して剣者となったといわれるだけに、その教えもいかにも禅的である。

樋口家の伝によれば、念流は「所生の道」であり、一名「修養の剣法」ともいわれているそうだが、世に「念流正眼の構え」という一種独特な構えがある。これは別名「無構え」ともいわれ、八方隙だらけという奇怪なものである。

太刀を右斜下に落し（樋口家伝には右斜下の下段とあるが、私が二十年ほど前に井村方外画伯に見せてもらった型では、太刀をうしろに引いた斜の構えであった）、左足を膝をやや屈して前に出し、右足をうしろにする。顔面を左肩より前に突き出し、上半身は全体として前方に傾ける。つまり平山行蔵のいうように自分の五尺の全身を餌にして敵の打ち込むのを待つといった体勢である。これが念流に先制の一撃なしといわれる所以であろう。

この構えは、流祖が仕合をいどまれて進退に窮したとき、神に祈願して霊感によって得たものだといわれるが、相手はこの全身を投げ出した無防備の徹底不利の体勢を見て大いに驚いたという。百計つきて自己を投げ出し、身を死地に置いた構えであるから、相手も相当の胆力を練ったものでないと、思い惑って容易に一歩踏み込んで仕掛けることはできないというが、さもありなんと思われる。

もし相手が一撃を加えてくれば、足を入れ違えてその太刀を払うか、あるいは足はそのままで、前方に出した上体を後方に引くかで、一難は避けられると教えている。そしてその瞬間、ほとんど反射作用的に無心の太刀が、すでに体勢のくずれた相手の頭上に加えられる。

定次も天竜との仕合にこれを用いたらしく、天竜の脳天には定次の剣と、それを受けた自分の太刀とが交叉して十字の傷跡が刻まれていたと伝えている研究家もある。

しかも、この太刀は念流においては普通の基本の型で、卜伝の一の太刀とか長威斎の一文字とかいうようなその流の極意として秘されたものではなく、初心以来朝夕百練千磨するところのものらしい。

これを練ることによって、「左右の手なくば噛付ても一念を徹す」という、必死必殺の気迫が盛り上がり、ついには「余念を容れぬ」無念無構の境が大悟され、生涯「敵をあやめ」ない不殺の神武が体得されるのであろう。

七　天真赫機――白井亨とその師

1

私がこの稿を『大乗禅』誌に書いたのが昭和二十九年か三十年のことであるが、そのときまず次のように書き出している。

「このごろは柔道が非常に盛んになってきて、外国でも大流行のようである。この間は東京の国技館で二十余ヵ国の選手によって、第一回の世界柔道選手権大会が行なわれた。結果は予想どおり、二人出た日本の選手が一、二位を占めたのは当然すぎるくらい当然だが、しかしその試合ぶりには大いに考えさせられるものがある。これまでの日本選手権大会でも、優勝者は大てい相撲取りのような巨大な肉体の持ち主ばかりであったが、今度も外国人選手にくらべて、むしろ日本の方が体格もまさっていたようである。この傾向は今後ますますはげしくなるであろう。何年か後には身長七尺、体重五十貫、などという紅毛人が現われ、そんなのに選手権をもって行かれぬともかぎらない。外国人選手のあるものは現に五年後には日本に追いつくとさえいっている。それにこんどの試合では外国人選手には比較的小柄で、わざで闘ったものが多かった。これはジュウドウとは、小さなものが大きなものを制する術だという、古来の柔術の概念が外国人の考え方に有力に作用しているからだと思う。それに比べると、この頃の日本選手は、重量とちからで闘う傾向がつよい。そこで一部から柔道の在り方はこれでいいのか、と反省され出してきたようである。

柔道という名称は、嘉納治五郎氏の創始になるもので講道館の自慢のタネらしいが、むかし柔道とかやわらとか呼ばれていた時代——つまり術がまだ道にまで昇華しないと考えられていた時代に尊ばれた〝位取り〟というものが、いまの向上した柔道に見られないのはどうしたことだろうか。〝位取り〟とはいうまでもなくわざよりも格、つまり精神的要素の高度な作用をいうものと思うが、それが軽んじられて位よりは術、術よりは力では、逆コースではないだろうか。

体の大きなもの、腕力の強いものがかならず勝つと決まっているなら、稽古してもしなくても同じではないか。またそうなれば、当然年齢にも制限されることになるであろう。人間は二十五の朝食までは育つというが、三十の坂を越えると大概は肉体の秋を嘆ずるようになる。もしその肉体の秋が、柔、剣を問わず武道の強弱を境する分水嶺であるなら、こんなつまらぬものはない」。

この見方は現在でも変改する必要はない。わたくしの予測は適中して、その後、柔道選手権はへーシンクに持って行かれ、かれが引退するまで奪い返すことはできなかったのである。

山田一徳斎先生が『日本剣道史』で「二百年来の名人として推賛の辞を惜しまぬ」といわれた天真一刀流の白井亨は、これと同じような問題に深刻に悩んだあげく、ついにこれを解決した一人である。かれはその経過を『兵法未知志留辺《みちしるべ》』（天保四年）に詳しく述べている。「余、幼より数十年の光陰を費し、既に生涯を錯《あやま》らん」とした、だから、多くの後進をして再び「余が如き無益の艱辛」をさせないために、この著述をするのだとは、かれが同著の「凡例」中に切々として告白しているところである。しばらく、かれの述懐に耳をかたむけてみよう。

2

わたくしは寛政二年（一七九〇）、八歳の正月から機迅流の剣法を依田秀復先生に学びました。この流儀は面小手に身を固め大音声を発して敵を威嚇《いかく》し、力まかせに打合うやり方なので、体格が大きく力量も抜群でなければ到底その稽古に耐えられません。そこでわたくしは昼は道場で皆と力一パイの稽古をした上、夜は夜で重い木剣を千回ずつ振り、数年間一日一夜も怠りませんでした。そのお陰で十四歳の頃には誰にも劣らぬほどになりましたが、思うところあり、十五歳のとき、つまり寛政九年の正月から一刀流の子啓、中西忠太先生の門に転じました。しかし、ここもまた力がつよく体の大きな者でなければ勝を完うすることができないやり方だったので、道場の稽古は人の二倍し（筆者注、千葉周作の『剣法秘訣』に、余の同門の白井亨はこの道殊の外達者にて、その日の出席者が何十人あろうとその人々と二タ通りずつ稽古した、と驚嘆して書いている）、夜は数斤の重さの木剣を何千回も振りました。早く父を失い、母の手一つで育てられたわたくしは、母が木剣を振るときの気合の数を一つ二つと数えて激励して下さるのにはげまされ、五年間は病気のときでもその日課を怠りませんでした。

ところが享和元年、師の中西先生が病歿されたのを機会に、わたくしは諸国を行脚して日を送りました。文化二年九月、東都を発して武者修行しつつ郷里岡山に帰りました。そこで引き止められるままに子弟に剣を教え、その数三百余人に及びました。よい気になって六年も腰を据えているうちに年来の疑問がだんだんつのってきて、ついにわたくしは生涯を錯ったのではないかと、ひとりひそかに泣くこともしばしばでした。

それは外でもありません。世間に剣客は星の数ほどおりますが、年四十以上になると皆一様に衰えてしまいます。もし剣の道が若い間、体力の旺盛のうちだけのものなら、それはあたかも鶏の蹴合のようなものとちっとも変りはありません。こんなことに二十年も精力を傾けたとは、何と愚かなことをしたものだろう、ああわれ錯てり、と気付いたのです。それからというものは、わたくしは剣道を見ること土芥のごとく、快々として楽しみませんでした。それがちょうどわたくしの二十八歳のころのことです。

そこへ姉から「母危篤」に報せがきたので、わたくしは取るものも取りあえず急いで江戸にもどりました。母の病気は案ずるほどのこともなく、程なく全快しましたので、気も軽くなったわたくしは、ある日かねて指導を受け、尊敬している同門の先輩、寺田宗有先生を訪ねました。寺田先生は非常に喜ばれましたが、一応の挨拶が終わるとスグに「剣の進境はどうか」とたずねられました。わたくしの答えるのをニヤニヤ笑って聞いていられましたが、「マア一つ試してみよう」といわれるので、わたくしは内心これはかねてからの疑問を試みる絶好の機会と思ったので、早速木剣を執って立ちました。というのは寺田先生はこのとき、六十三の老齢だったからです。いかに名人とはいえ、この高齢ではとても剣はつかえまい、それとも？　という期待に、わたくしは胸を躍らせつつ構えたのでした。

わたくしは得意のわざで、直ちに相手の肺肝に迫ろうとしましたが、どうしたことか、寺田先生の、従容として迫らず、しずかにかざしている木剣が、わたくしの頭から全身を蔽うようで、そのものすごい気合に圧倒され、身体は萎縮し、汗のみ流れて、夢をみているようで、手足の措き所とてはありませんでした。わたくしは思わず木剣をなげすて、叩頭して先生が、その精妙を得たわけをたずねました。寺田先生は「見性悟道の外はない」といって、じゅんじゅんとしてわたくしの修行の非なる点を指摘されました。わたくしははじめて従来の疑問が氷解したような気がしてきましたので、改めて請うて門下に加えていただいた次第です。

さて入門は許されたものの、なかなか容易に正しい道には入れそうにもありません。ある日そのことを寺田先生に訴えると「君は二十年も邪道を修行して妄念邪気が五体に充満しているから、まずそれを清浄にせねばならぬ。それには酒食を断ち、水浴すること日に二、三百ぱいもするがいい」といわれたので、五年間忠実に教えの通りにやりました。けれども道を得るどころか、かえって心身疲憊して、ついに神経衰弱になってしまいました。そのとき気付いたのが鵠林先師（白隠禅師）の内観法でした。そこで『夜船閑話』その他二、三の書物を読んだり、また師の寺田先生は東嶺禅師に参じて印可を得た人でもあるので、先生にも練丹の法をたずねるなどして、それからというものは専ら神を凝らして内観練丹の法を修しました。その功あって、わずか二ヵ月ばかりで、元気は回復するし、その上いささかの得力もありました。

3

『兵法未知志留辺《みちしるべ》』に記された白井の述懐はまだ綿々として続くのだが、かれの懐疑とそれからの脱却の経路は、以上で大体において判明すると思う。

白井が禅に参じたかどうかみずから記してはいないが、師の寺田宗有が東嶺さんから印可され、天真翁の道号を授けられたくらいの人だから、おそらく剣とともに禅も寺田に学んだであろうと想像される。『兵法未知志留辺』に「一日師（筆者注・寺田宗有）と共に円応禅林に到り、師鐘鼓の声を聞きて曰く」とか「他日師復問う、趙州が無の字、子が見得底如何と。余曰、天地間に充塞す」というような記述があったり、あるいは「懐州の牛、禾を喫すれば、益州の馬、腹張る。南山に雲起り、北山に雨降る。等の言句掌上を見るが如く云々」などとあるのは、その証拠と見てよいと思う。

こうして「或は称名練丹し、或は誦経練丹し、又は撃剣練丹し、鵠林先師がいわゆる塵務繁絮（世間的な仕事がゴテゴテと忙しいこと）の間、進退揖譲（立ち居ふるまいや礼儀や挨拶など）の席に於いて片時も放退せざらん事を勉め」た結果、病が癒えたばかりでなく、ついにかれ自身の言葉でいえば真空赫機を包む底の悟りを得たのである。ここで「練丹」といっているのは、〝丹田を練る〟というような意味で心を練り精神を修養することであろうと思う。

しかし、せっかく苦心の上体得した「真空に参じて文体（五体、からだ）を忘る」という境地も、強い相手に対し「其争競の気熾んなるを見」ると、たちまちその真空を失って「木剣を飛して打斃せんとする邪勢を発する」始末である。ところが文化十二年八月、彼が三十三歳のとき、師の寺田は藩主松平候に従って浪花に赴任することになったので、白井が今後の修行法について教えを乞うと、徳本行者に参じて唱名せよと告げた。白井は教えられたとおり行者の許に日参していたが、一日、行者の鉦を打ちつつ念仏する姿を見て忽然として開悟した。

そのときの有様を『日本剣道史』には、次のように伝えられている。

上人が体を見るに手は殊更に動いてゐない。自然活動の妙は唱名と手と天機と一致したるに、釈

然として会得が能た。試みに木剣を手にして其意に倣へば、意外にも、不思議にも至妙の機を自得したのである。云々

真言に三密相応という秘訣があるが、徳本行者の唱名もそれで、身・口・意の三密が相応して即一的にはたらいていたものであろう。白井は行者の念仏三昧の姿に接してその真機を悟り、気・剣・体が融け合って一つになり、しかもそれが無心に流露する天真独朗の境を体得することができたのであった。そこで直ちにこれを剣に試みて、寺田のいわゆる「天真伝」の極致はこれだと、肯心自ら許したのであった。

「おれの木剣からは、輪が出るぞ」と、かれは口癖にいったというが、その「赫機を刃頭に摩する」(日本剣道史)底の、猛烈な気合は、おそらくこの開悟を得てからのことだと思われる。

ところで、師の寺田は浪花に居ること八年、文政四年九月江戸に帰ってきた。白井は直ちにこれを訪ねて技を試みたが、そのときの、状をみずから記して「益〻進み愈〻妙にして余が及ぶ可き所にあらず」といっている。ときに寺田は七十七歳であった。

このように、白井は師の寺田によって、肉体的な力が衰えても、年とともにますます深くいよいよ高く進む剣境のあることを知って、かねての疑惑や煩悶が一掃されたのであるが、同時にみずからも内観練丹の法によって「八紘四維(どこも、かしこも)空機の凝実する」真空を体得し、「還丹真空充実するの功に因て、木剣真剣共に鋒尖に晃暉を発つが如き」赫機を工夫したのである。彼は「赫機」を註して「乃毘《のび》と訓ず」と言っているが、のびとはおそらく剣と体とが一如して、構えた剣があたかも自分の身体の一部分のように自由自在にはたらき、その剣尖から猛烈な気魄が天地一杯にひろがり、

すなわちのびていって、戦わざるに敵を「従容として制する」ことであろうとおもう。「真空と称する者は先師宗有の心気と称する」もののことだが、「赫機」は「余が工夫にて還丹真空充実するの功に因」るものだという。つまり丹田に心気が充実すれば、それがおのずから木剣たると真剣たるとを問わず、鋒先から、精神的統一力ともいうべき一種の放射能を放つようになることをいったものであろう。

かれによれば「一刀流と称する者は一刀截断の義に非ず、仏典に謂ゆる阿字の一刀」のことである。「阿字」というのは、密教の教えで、生滅のない根源的な実在を指している。しかも、それをただ単に心に得たというような、いわば観念上のものであってはならない。現実に「一刀の鋒先、不生不滅の大赫機無きは阿字の一刀」とはいえないのである。剣の道とは技術でもなければ、体力でもない。「主とする者は此の赫機真空のみ」である。赫機は寺田の言葉によれば、見性悟道によらなければこれを得ることはできないものである。見性悟道だにするならば、寺田宗有のように七十、八十の高齢に達し、体力が衰えてからでも「益〻進み愈〻妙なる」ことができるのである。

かれがこのように幼少から剣を学び、中頃これに懐疑を抱き、さらに寺田によって開悟したのち、ひるがえって思うに、剣の道とは要するに「練丹して真空を凝《こら》し、天真を感得するなれば、実に諸道の根源、教の源」にほかならなかったのである。ここに至ってかれのいう剣の道とは、実に人の道そのものというほかはない。

こういう立場から古来の剣者を点検してみると、名人といえるものは、わずかに針谷夕雲、小出切一雲、金子夢幻、山内蓮心の四人ぐらいのものである。この四人は「各兵法に於て微妙を得て某所得を述べ」ているが、惜しいかな「某書各練丹の事を論ぜず」、各自は天性「敏にして、暗に其妙を得」たのではあるが、後人を指導するためには「其書真理に通ずと雖、練丹の法莫くして階梯なきが故に空理にひとし」というほかはない。白井によれば、練丹こそは道に入るための階梯（はしご）であり、その唯一の具体的方法である。そこでかれは『開道論』『神妙録』『天真録』等を著わして、そのことを強調し、後人が道を修行するための階梯としたわけである。

勝海舟翁は、この白井に会った感じを、次のように興味深い口調で物語っている。

なに、剣だって禅だって、字こそ違へ、名こそ異なれ、畢竟同じことだ。己《お》れも曽て剣道修行の時に、白井亨と云ふ達人に就て教を受けた事がある。己れは其時頗る心に利得した事がある。此人の剣法は、大袈裟に云へば一種の神通力を具へて居たよ。彼が白刃を揮うて武場に立つや、凛然たるあり、神然たるあり、迚も犯す可からざるの神気、刀尖より迸りて、真に不可思議なものであったよ。己れらは迚も真正面には立てなかった。己れも是非此境に達せんと欲して、一所懸命になって修行したけれども、惜乎《おしいかな》、到底其奥には達しなかったよ。己れは不審に堪へず、此事を白井に話すと、白井は聞流して笑ひながら、それは御身が多少剣法の心得があるから、私の刃先を恐ろしく感ずるのだ。無我無心の人には平気なものだ。其処が所謂剣法の極意の存在する処だと言はれた。己れは其ことを聞いて、そぞろ恐れ心が生じて、中々及ばぬと悟ったよ云々。

（鉄舟随感録）

白井「赫機を刃頭に摩する」底——木剣の先から火の玉が出るという気迫は、対者からこれをみるとき、海舟のいわゆる「凛然たるあり、神然たるあり、迚も犯す可からざるの神気」として映ずるのである。見性したといっても、このような神気を発しない禅、強いといっても猛獣のような肉体力のそれであって、このような神気の伴わない剣、そんなものは一顧の価値もなく、老境に入り体力の衰頽とともにしぼんでしまうシャボン玉にひとしいものであろう。

4

白井の記すところによれば、師の寺田は「支体健剛」「健大雄偉、骨肉堅実」とあるから、おそらく体軀の堂々たる大丈夫だったろうと思われる。寺田は上州高崎、松平家の世臣で、幼にして中西派一刀流初代、中西忠太子定の門に学んだ。修行なかばで師の子定に死別したが、二代忠蔵子武は韜袍《とうほう》（しない・面・小手をつけての竹刀稽古）の主唱者だったので、寺田は「剣法の真意に背く」と考えてその門を去った。その後は平常無敵流の池田成春について十二年も修行し、谷神伝の秘奥を免許された。のち高崎侯の命によって、再び一刀流にもどったが、かれは主義として面小手をつけての竹刀稽古をせず、もっぱら組み太刀（型）を研究した。かたわら東嶺禅師に参じて禅の修行を重ね、印可されて天真翁と号した。寛政十二年、五十歳のとき、師の中西忠太子啓（三代）から免許を得て独歩の聞え高く、その剣を天真伝一刀流と称した。

当時、中西門下では韜袍派（竹刀稽古）と組み太刀派（型稽古）との対立があり、盛んにその優劣が論じられていた。あるとき竹刀派の一人が寺田に竹刀稽古を所望したが、寺田は「自分は竹刀試合はしたことがないから、強いてのお望みなら素面素小手で木剣をもって相手をする。しかし君たちは防具をつけて遠慮なく打込まれよ」といい放った。竹刀派はこの絶好の機会に地稽古の威力を発揮して、型剣術の畠水練にもの見せてくれようと気負い立つし、組み太刀派は木剣の先から火が燃え出すという寺田の鋭い切先で、キリキリ舞いさせてやれといきり立つ。両派がそれぞれの思惑で声援する中を、寺田は素面素小手で例の二尺三寸五分の木太刀を提げて、しずしずと道場の中央に進みでた。師の中西忠太以下の面々、いずれも手に汗を握って、いわば両派の運命をかけた試合に見入っている。相手は「何の型剣術が！」とのんでかかり、素面の寺田の頭上をただ一打ちと、心中わずかに一念が兆したトタンに、「面へ来れば摺上げて胴を打つぞ」と寺田の声がかかる。そして剣尖から火をふくかと思われるばかりに、鋭い気合のこもった木太刀が迫ってくる。相手はハッとして、しからば小手を！　と思うと間髪を容れず「小手へ来れば切り落して突くぞ」という。こうして相手の念のうごくところを一々抑えてしまうので、相手はそらおそろしくなって何の技もほどこせず、満身汗ダクになって引き下がった。何人かがそんな目にあって処置なしだったので、一同いまさらのように寺田の腕前に敬服し、それからというもの、組み太刀の悪口をいうものがなくなった。この試合を見てから、自分は組み太刀というものの重要性を知った、とは千葉周作の『剣術物語』に記すところである。

寺田は剣と坐禅のほかには毎朝水を浴びること二、三百杯、ときに数日の断食をやる。こういう修行を文政八年の、八十一歳で病歿するまでつづけたという。

白井はそのことを記したのちに、こう書いている。

壮より八旬に至る迄練丹自強する事、夙夜懈《おこた》る事なく、終に一旦豁然として見性得悟の大事を究め、仏祖不伝の妙、其天真に貫通することを得たり。

先師宗有、鵠林先師を祖とし東嶺を父とし、能く其法を持ち天真を全す。鵠林先師常に云く、此法五百年来断絶すと。嗚呼鵠林先師無くんば此法何ぞおこらん、東嶺なくんばこの法何ぞ存せん。先師宗有なくんば何ぞ此法、兵法に加ふる事を得んや。

寺田が身を削るような苦修に耐え得たのも、一つには白井も記しているように「仮令参玄練丹の功なしと雖も、赤身にして英豪とせんか」といわれ、「力数百片を重しとせず」と伝えられるほどに、恵まれた頑丈な体の持ち主だったからでもあるとおもう。

それに反し、白井はみずから「軟弱庸柔」と書いているところをみると、師に比しては体格において、はるかに劣っていたのであろう。それにもかかわらず白井が寺田の弟子となったとき、寺田から「お前は力に頼るからいけない」といわれたので、みずから肩の骨を砕いたともいわれている。これをもっても、寺田や白井の剣がどんなものであったかが知られるのである。

白井の経験した事実は、われわれにいろいろな問題を提供するが、何といってもかれ自身の懐疑した技の剣、力の剣が心の剣に破れたこと、そこからかれが練丹の修行によっていわゆる「回心」の体験を得たことが、もっとも興味ある点であろう。剣の究極は父母未生以前の本来の面目が、剣鋒を通じておのずから流露されることのほかにはない。寺田や白井の剣こそ、剣刃上における禅というべきものであって、そこにおいては既に剣禅一如というさえ無駄な言葉である。しかもこのような剣の道は、いまは地を払って絶無である。

先師山田先生が『日本剣道史』の剣道年表を明治二十七年九月十一日、榊原鍵吉の歿年を以て結び、その理由を「旧師歿して以後は、名の実に副はず技の法に叶はざるもの多く、撃剣は熾んなるに似たるも、道術は破れたるに庶幾《ちか》し、是を想へば寧ろ此年を以て剣道の或世紀の終末と看做すの妥当なるかを疑ふ」と述べられたのも、まことにゆえあるかなといわざるを得ない。

八　放つ位――柳生連也の至境

1

尾州の第二代瑞竜公、徳川光友が、その剣道の師、新陰流正統五世の柳生厳包《としかね》入道連也《れんや》に、自分の悟ったところを呈示したものだといわれている歌に、

張れや張れただゆるみなきあづさ弓放つ矢さきは知らぬなりけり

というのがある。

この歌を、同流第二十世の柳生厳長先生は、日本剣道の真髄たる「真剣の妙趣」を詠じたものとして、これを精進、充実、超絶の三段に分け、大略次のように説いている。

○まことに「真剣」は層々向上極り無き精進――向上発展、勤勉、努力そのもの、即ち是れ誠心であります。瑞竜公の「はれやはれ」であります。これを誠にするは「人」にあります。

○この精進、誠心による充実――充ち満ちた姿であります。兵法にこれを「勢」と謂ひ「位」とします。「たゞゆるみなきあづさ弓」であります。これは「地」にあり、また「人」にあります。

○さらに「真剣」は、この精進、充実を頂上とし、その絶頂からの飛躍であり、擺《はい》脱であり、超絶境であります。生死脱得であります。真に百尺竿頭一歩を放って行くものであります。「はなつ

矢さきはしらぬなりけり」であります。兵法にこれを「放ッ位」「一刀両断の位」といふ。これは「天」にあります。(日本剣道の極意)

普通に剣道の教えとしてよく知られている守・破・離という修行の順序も、これにあてはめて考えることができるであろう。その意味では、この三つの次第は、ひとり新陰流あるいは剣の道にかぎるものではない。何の道の修行にしても、この順序でゆくほかはないと思う。前に書いた正三老人の仁王禅にしても、一生仁王さまのようにしていろということではなく、結局は如来禅という「放ッ位」に至るためには、まず緊張充実の仁王の門をくぐらなければ、本尊の観音様には、お詣りできないということなのである。晩年には夜中、写経などしていると肩や膝にチョロチョロと鼠がでてきて遊んでいたといわれる山岡鉄舟翁も、若い頃には坐禅をはじめると、不思議や今まで暴れ回っていた鼠が一匹もいなくなったという。夫人がそのことを話すと、翁は「おれの禅は鼠のかがしが相場かな」と笑われたと『全生庵記録抜萃』に記されている。われわれの坐禅は、その鉄舟翁にとってはごく初歩であるところの、鼠のかかしにすらならないのだから情けないものである。試みに天井でガタガタやっているときを選んでグッと坐ってみるが、鼠公は一向に退散しない。要するに、張りかたが足りないのである。

禅は向下を尚ぶという。エックハルトもニイチェも没落、下向を重しとする。わが天孫も高天原から人界に降ってきたものである等々、まさにその通りである。その通りであるが、現実に絶巓に身を置いたことのないものには、向下したいにも降りようがないではないか。はじめから下にいる者が、さらに降りようとすれば地獄よりほかに行き先はないはずである。「放つ」ことができるためには、まず「ゆるみなく」「張ら」れていなければならぬ道理である。

さて、尾州侯は右の見所が印可されてか、連也の跡を受けて新陰流正統六世を継いだのであるが、ここでは光友公のことではなく、その師の連也についてのべたいのである。連也は、近頃、五味康祐の小説で有名になっているが、この人には小説の種になるような逸話がたくさんある。

かれはいつも門人に向かって「わしに隙があったらいつでも遠慮なく打込むがよい」と言っていたほど絶対の自信をもっていたらしい。

すがすがしく晴れわたった秋の一日、かれは二、三の門人をつれて野外に清遊を試みた。ふと便意を催した彼は、川のほとりで澄みわたった大空を見上げながら、のんびりと小用を足していた。これを見た門下の松井某は「このとき!」とばかり背後から力一杯に連也の腰のあたりを突いた。途端に水音高く、しぶきが散った。五味康裕の小説ならサテ落ちたのは誰だろうというところだが、連也は依然として両足をふんばり、気持よさそうに川べりに立って用を足していたというから、落ちたのは松井であることは明らかである。

松井君ばかり引合いに出してお気の毒だが、中年以後碁をたしなんだ連也は、今日も朝から松井を相手にパチリパチリと打ちはじめた。松井は川の水を存分に浴びせられた返報をとでも思ってか、容赦なく攻め込む。すでに何局か連敗を喫した連也は、ジッと盤面を見つめてしきりに長考一番、苦吟している。碁では師匠より強い松井は、好機とばかり、ソッと拳を握り固めた。すると、連也がヒョイと顔を上げて松井を見た。

しかし、これは偶然かも知れない。かならずしも察気の法によって、こちらの心気の動きを感知したものとはかぎらない。だから、松井はさらに次の機会を作るべく、しきりに口汚なく師匠を挑発する。

「先生、どうしましたか。もうあきらめて投げますか」

などといいながら、苦慮沈思する連也の顔をねらって、またもや拳を打ち出そうとした。間、髪を容れず、連也は体をそらせながら、

「冗談はよせ!」

としかった。松井はあげた手で自分の頭などをかきながら、

「なんですか」

と、とぼけてみせた。

八方破れの中に、みじんも隙のないこれらの作用は、剣の専門語で「拍子を知る」、すなわち機を知るというはたらきであろう。いわゆるきざしを察知することである。連也はのちに松井に向かって「お前がわしを試みようとするのは、お前がいまだ剣の真意を解しない証拠である。事には必ずきざしというものがある。すでにきざしがあれば相手に察知されるのは必定ではないか。体をかわすというのは術だが、きざしを知るのは術ではない。そのきざし、すなわち機を知ったら、その機に乗ずるというだけでなく、さらにその機をわがものにし、自由に使うようにしなければ駄目である」とさとしたということである。

その機を知り、機に乗じ、機を使うというはたらきの基調をなすものは一体何であろうか。

それはほかでもない。張りに張って、緊張充実した頂点から、さらに飛躍した「放つ位」、いいか

えれば何ものにも依らない、そして何ものにも滞らないところの無住心でなければならない。仁王の門を通り越した、御本尊の観音の妙智力でなければならない。柳生に縁のある沢庵の言葉でいえば、それが「不動智」というものであろう。不動智とは、沢庵もいっているように流動して滞らないことであり、分別せずしてしかもよく分別してあやまらないことである。そのような境地が「放つ位」というものであろう。

2

「先」のことについてはすでに前章で概説したが、そのとき先とは、太刀打ちの先後や遅速のことではなく、いつでも本体から発し、そこから全体作用することだといった。臨済の言葉でいえば「無位の真人」の活面目とか、「独脱無依の妙用」とかいうのが、それに当たるものと思う。柳生厳長先生の言葉によれば「新陰流は流祖以来太刀の構えをたよりにしない剣である」というが、それについて柳生宗厳は、

当流に構太刀を皆、殺人刀と云ふ。構の無き所を何れのをも皆活人剣と云ふ。又構太刀を残らず截断して除《の》け、無き所を用ゆるに付き、其の生ずるにより活人剣と云ふ。

と伝えている。

宮本武蔵も構えは本来有って無いものである、要は太刀を「斬りよきように持つ」だけのことだといっているが、連也の松井に対するはたらきは、この「構太刀を残らず截断して除け」た「裸々の位」から、「無き所を用」いたものということができるであろう。

柳生厳長先生は、右の殺人刀、活人剣について、雑誌「師と友」（昭和三十年三月号）に発表した「柳生流道眼」の中で次のように述べている。

なほ、殺活は、敵をすくめて（威圧して畏縮させ）勝たうとするを殺とし、敵をすくめずして、働かして勝つを活とし、活人剣は新陰流が本原とする極意である。

働かして勝つというのはおもしろい言葉だと思う。人境倶に奪わず、といった境地でもあろうか、いわゆる「放つ位」の勝理は、おそらくそういうものだと思われる。古来、「神武不殺」といわれるのも、そういう境地であろう。敵の好むところに従って勝つ道である。山岡鉄舟翁の『剣法真偽弁』にも、

夫れ剣法正伝真の極意は別に法なし。敵の好む処に随ひて勝を得るにあり。敵の好む処とは何ぞや。両刃相対すれば必ず敵を打んと思ふ念あらざる者なし。故に我体を総て敵に任せ敵の好む処に来るに随ひ勝を真正の勝と云。

とある。

そういう自由なはたらきは、構え太刀に拘泥している分際ではできないことである。一切の構えを解脱したまろばし（転）の道、すなわち、身も心も太刀も一つになって、円い球が盤上を転ずるように、対象に随って円転自在にはたらく自然必勝の道の体得者であって、はじめて能くし得るところである。

このような、なにものにも依存しない無依の根源から純粋に発するはたらき、臨済のいわゆる「無根無本、無住処にして活潑々地」なるもの、それが「放つ位」の位相だと思う。

無住無依で定着するところも、依存するものもないから、当然一切の構えがないわけである。そういうところから発する太刀はまた当然、柳生厳長先生のいわれるように「敵から切り懸っても懸らぬでも、我が方は唯一打に一調子に勝をとる」だけのことで、それが「新陰流の極意」なのである。そのような無礙自在のはたらきは、しかし決して漠然として明鏡止水などといって、おさまり返っているところから生ずるものではない。張れや張れの緊張充実を千錬万鍛したのちの「知らぬ」底であり、「放つ」底でなければならない。

連也は兵庫助利厳の三男として生まれ、七郎兵衛と呼んだが、九歳のときみずから兵法の成就を神に祈誓したといわれる。そのころから父やその高弟から稽古をつけてもらったが、それだけでは満足せず、近所の子供を集めて、

「おれを打ったものには銭をやる」

といって、竹刀を持たせて打ち込ませた。朝起きるとき、両の拳や臂がはれ上がって帯を結ぶことさえできなかった。そのため母親がかれのために帯を結んでやるのが常であったが、そのあまりの痛々しさに母はひそかに涙を流したと伝えられている。

人はかれの大成したのちの「相」だけを見て、そこに至る惨乎たる苦修の跡を忘れがちである。山岡鉄舟翁の場合でもそうであるが、翁の完成された晩年の剣は、すこぶるスローモーションであったという。翁のこの働かして勝つ活人剣は、すくめて勝つ殺人刀の完成された形のものであることを忘れた門人たちは、翁のスローの外相だけを真似したために、山岡の晩年の門人からは名人が出なかった、とはわが師山田一徳斎先生の批判であった。立切りのことなど考え合わせると、かならずしもそ

うとばかりはいえないようであるが、とにかく先師はそう評していた。

また、こんな話もある。

ある人が、鉄舟翁に、

「剣術とはどんなものですか」

とたずねたとき、翁はその人に向かって、

「仕度をして道場に来なさい」

といって、十分に仕度をさせた上で、自分はコヨリを一本もって立ち向かった。バカにされたと思って少し気色ばんだその人が、上段から真っ向に打ち下ろそうとするとその瞬間、翁は手にしたコヨリをヒョイと相手の鼻の穴にさしこんだ。

「どうです、わかりましたか。剣術とはこういうものです」

といったそうである。翁のスローな態度も、相手にとっては電光石火で、よけるもかわすもない速さなのである。

連也が修行中のこと、かれはある日、突然父の如雲斎利厳に向かって、「私は今夜急に強くなったような気がいたします」といい出した。

翌朝、如雲斎はかねて連也と互角の仕合をしていた、一人の弟子を呼び出して仕合を命じた。果たせるかな、昨日まで互角のその弟子は十本が十本ながら、みごと連也に打ち込まれてしまった。

その弟子は大いに憤慨をして、これはきっと如雲斎がわが子可愛さから、ひそかに特別の秘伝を授けたものにちがいない、神聖なるべき兵法に依怙があるとは怪しからぬといい出して、はては腹を切

郵便はがき

料金受取人払郵便

神田局
承認

1743

差出有効期間
2023年12月31
日まで
（切手不要）

101-8791

535

千代田区外神田
二丁目十八―六

春秋社

愛読者カード係

＊お送りいただいた個人情報は、書籍の発送および小社のマーケティングに利用させていただきます。

(フリガナ) お名前	歳	ご職業
ご住所 〒		
E-mail 小社より、新刊／重版情報、「web 春秋 はるとあき」更新のお知らせ、イベント情報などをメールマガジンにてお届けいたします。	電話	

※新規注文書（本を新たに注文する場合のみご記入下さい。）

ご注文方法　□**書店で受け取り**　□**直送(代金先払い)** 担当よりご連絡いたしま

書店名	地区	書名

読ありがとうございます。このカードは、小社の今後の出版企画および読者の皆様と
連絡に役立てたいと思いますので、ご記入の上お送り下さい。

名〉※必ずご記入下さい

●お買い上げ書店名（　　　　地区　　　　　　書店　）

書に関するご感想、小社刊行物についてのご意見

※上記をホームページなどでご紹介させていただく場合があります。（諾・否）

購読メディア	●本書を何でお知りになりましたか	●お買い求めになった動機
聞 誌 の他 ディア名 　　　　）	1. 書店で見て 2. 新聞の広告で （1）朝日（2）読売（3）日経（4）その他 3. 書評で（　　　　紙・誌） 4. 人にすすめられて 5. その他	1. 著者のファン 2. テーマにひかれて 3. 装丁が良い 4. 帯の文章を読んで 5. その他 （　　　　）

内容	●定価	●装丁
□満足　□不満足	□安い　□高い	□良い　□悪い

最近読んで面白かった本　（著者）　　　　（出版社）

名）

春秋社　電話 03-3255-9611　FAX 03-3253-1384　振替 00180-6-24861
E-mail:info@shunjusha.co.jp

るとさえいい張った。

如雲斎はしずかにさとしていう。

「自分は七郎兵衛（厳包）の稽古ぶりをみて、近くこの事あるを予知していた。こういうはたらきは秘伝を授けたからといって、一夜作りでは決してできるものではない。お前は朝夕はげんでも、まだあれくらいになるには三年ぐらいはかかるだろう」

これで、その弟子もどうやら納得がいったという話が伝わっている。禅の悟りと同じかどうか知らないが、芸道を修得するものにはこういう経験が一度や二度は誰にもあると思う。毎日毎日同じことを繰り返しても、どうしてもできなかった技が、ある刹那にふと手に入り、それからはそれがあたりまえのこととして自由にできる。難透の公案が、ふと天来の声に導かれて釈然とする。やはり「はれやはれ」で張り切った弓矢が、気充ち機熟しておのずから弦を放れて飛びゆくようなものでもあろうか。

3

宝暦・明和のころの人、木村久甫の著述に『本識三問答』『運籌流剣術要領』『剣術不識篇』等がある。著者は柳生宗頼の門弟と記しているが、柳生厳長先生の『正伝・新陰流』（昭和三十二年刊）中の柳生氏の系統図によれば、宗頼というのは但馬守宗矩の前名となっている。果たして木村久甫が宗矩の門人かどうかわからないが、この三書はある意味でなかなかおもしろいと思う。横山健堂氏は『日本武道史』の中で、兵法家伝書を読むと、但馬守の剣禅一致の説は禅七分の剣三分である。これを宮本武蔵の剣七分、禅三分と対照すると、そこに、此の二大家の風格が判然と浮び出る。

といっているが、右の三書は禅七剣三どころか、禅九剣一ぐらいかも知れない。柳生厳長先生の著書中には、その書名すら出て来ないところをみると、江戸柳生の末流の理兵法、観念剣術の尤なるものとして、正統の新陰流では、あるいはこのような書物は、むしろ蔑視しているのかも知れない。

運籌流というのは柳生流の別名で、例の平山行蔵もこの流を学んだので、運籌真人と号したのである。

青柳武明氏の『平山行蔵伝』にそのことが出ているので、拝借して引用してみると次のようである。

運籌流という名は、柳生但馬守宗矩の弟子、木村助九郎矩泰が、師より習った柳生流は、将軍家の剣術なので、一時、憚ってこれを運籌流とつけたのでありますが、後に、御三家の一、紀州家指南役となり、柳生流を名乗ることを許されましたので、助九郎は、運籌流の伝を、自分の弟子に当る出淵平兵衛盛次に譲ったのです。ところが、この人もまた、越前福井の松平家指南役に出世しました。ここも徳川の一門なので、柳生流の名乗りが公許されましたから、運籌流の流名は、一時、柳生宗家で預ることになりました。云々

けれども『剣術不識篇』の序文によると、奥州の人、伊東紀伊入道祐忠が槍術の妙を得て運籌流と名づけたのが始まりであり、それに著者木村久甫の師堀金太夫隣実という者が太刀の道を加えて中興したものだとある。それはどちらにしても、右の三書には、いずれも明らかに柳生流と書いてある。

以下、右の三書を総合して述べてみることにしよう。

すべて剣術は懸、待、表裏の三術の外に出るものはない。懸とはいうまでもなく仕かけること、待は相手の打ってくるのを待って業をほどこすこと、表裏は変化のことである。しかし、その三つも結局は心のはたらきによるものだから「迎棒心」といって「敵の太刀と気ざしとの間に、此方の太刀を押し入れて、敵の場を此方へうばひ取って」「敵の発する所を押しつけて勝つ」ところの、「空理」を体得しなければ極意を得たとはいえない。けれども、その迎棒心も、なお位とか場とかに執着するきらいがある。

そこで、それらの「悉くの習ひを捨て」「持ち所をはなれ、着する心もな」いところの「西江水」に至るほかはない。西江水に至れば従前の習いは悉く捨ててしまうのであるが、しかし「又捨るといへども、無に帰るにはあらず」、「一物なき中より、夫々の事自然に応ずる」のである。「是をさして右の位を捨るといふ」のである。

西江水とは、馬祖道一禅師（七〇七―七八六）が龐《ほう》居士に向かって、

汝が西江の水を一口に吸尽し来る時、汝に向って道はん。

といったとき、居士、言下に悟った、という有名な禅の話がある。もちろんそのような禅の言葉から出ているものだが、そのままではなく、それから脱化したものであることはいうまでもない。『剣術不識篇』には「西江水とは、西の海の広く限りなき名なり。空理の限りなく、兜卒天《とそつてん》、金輪際《こんりんざい》までも行渡りて有るといふ事をなぞらへて、西江水といふと見えたり」と、解説している。しかし、この解説はやや理に偏したもので、新陰流の正当のものではないようである。

新陰流三世、如雲斎、柳生兵庫助利厳の『始終不捨書』には「心ノ持所　三関　ハ　セ　セ」とあ

るが、それをさらに厳包入道連也は「ハ—腹、セ—背、セ—西江水」と口伝書に伝えている。連也から三代目の厳春、道機斎はそれをもっとくだいて、

心の持所といふは、腹、背中、西江水と三つなり。腹をはるにてはなし、腹をおしおとす心持なれば、背中の中すぢに力わたるなり。その二つにこりかたまらぬやうに、総身へ心のたんぶとわたって、りきみもなく、ぬけた所もない西江水といふなり。（略）太刀をとり揚げた形勢すなはち右の位なり。これを〝つっ立った身〟ともいふ。

と説いている。

宗矩は「何事も去ったる所、是西江水也」と書いているというが、すべての習いを除き去り、「心を定め、たんぶと水に入って敵をのんで以て不動といふ心」で、腹の臍の囲りと、背中——特に腹の裏と、そして全身に活気を充実し、心・身・刀を一つにして「西江水、ソノママノスガタ」で〝つっ立った身〟を現ずるところが西江水であり、それが新陰流の「無形の位」というものであろう。

このように、尾張柳生の新陰流正統の伝と、江戸柳生の理兵法とは相当のちがいがあるが、それにしても『剣術不識篇』に「空なれども一気動く」といい、宗矩が「是より気前《きさき》、表裏と出るなり」とあるところなど、両者は一致したところもある。空というものが何も無いという虚無のそれではなく、「何事も去ったる所」の活機に充ちた〝つっ立った身〟と解すれば、それが表裏——千変万化のわざが起こってくる本源の〝無形の位〟即ち西江水なのである。

柳生厳長先生は、かつて名古屋の広小路の街角に二時間も立って、往来《ゆきき》の人々の歩くさまを見ていたが、このような身勢で活きた足使いをしているものは一人もいなかったそうである。先師、山田一

徳斎先生は、道場の入り口に立っていて、入ってくる修行者が死に足でくると、手にした竹刀で向う脛《ずね》を叩いたものであるが、通身の活気に充実した身勢を得るのは、容易なことではない。

むかし司馬頭蛇というものが、百丈懐海《えかい》禅師（七二〇―八一四）の弟子の中から、大潙《いさん》山の主になる人物を選ぶとき、五、六歩あるかせた上で、エヘンと咳払いを一つさせた、という有名な話がある。心身両面の学道である禅に達したものは、十方世界をわが体とするような真実人体――すなわち新陰流にいう西江水の身勢をおのずから体現しなければならないはずである。

そのような全心身の充実があってこそ、〝放ツ位〟に到り得るのだと思う。

沢庵和尚が『不動智』で「づっと高きと、づっと低きとは似たる物になり申候」「故に初の住地の無明煩悩と後の不動智が一つに成候。智恵働きの分は皆失せきって、無心無念の位に落付き申候」といい、「初は身持も太刀かまへも何知らぬ者なれば、身にも心の留ることもなく、人が打てば逐取合《おっとりあ》ふ計り何の心も無」かったのが、だんだんいろいろの事を覚えて「殊の外不自由」になるが、年月重ねて鍛錬した結果は、また元のように「身のかまへも太刀の取様も皆心に無くなり、只先づ初の何も知らぬ何もなき時のやうにな」るといっているのがそれであろう。

趙州和尚のように、もと「修行して人を利済せん」と、一所懸命四角張って努力した揚句の果てに、「誰か知らん翻って不喞嚁《ぶしつりゅう》の漢とならんとは」と、思いもよらぬ大馬鹿者に脱落してきたところが「放ツ位」の妙趣でもあろうか。まことに剣における「放ツ位」こそは、禅でいえば妙峰頂《みょうぶちょう》という絶対無の世界から娑婆に降りてきて、古井戸を雪で埋めるような無駄な骨折りをする〝徳雲の閑古錘〟にも匹敵すべき至境といわねばならないのである。

下川潮氏の『剣道の発達』によると「新陰流の諸流派が教ふる所の趣旨は相打なり」とある。柳生厳長先生は、新陰流には「相打」という言葉はないが、新陰流の精神や、太刀は悉く「相打ち」であるという。しかし、まろばしの道を体得しないものは「我れからも打ち、敵からも打たる、——世俗にいふところの相打になり、截合《きりあい》の道の愚拙に陥る」ともいわれている。そして、さらに新陰流には「肋一寸」という教えがある。すなわち「敵刀我肋骨一寸を切り懸る時、我刀早くも敵の死命を制する剣」だという。それは「金剛不壊の不動心を第一」とするものだともいう。

連也の父、如雲斎利厳は一書を著わし、その序文に「行亦兵法、座亦兵法、更二六時中無間歇習之」と書いているが、相打ちの覚悟に徹し、全心身、純粋攻撃の気迫に充実して、二六時中一心不乱、連也のいわゆる「骸を忘れ」て行往坐臥するとき、そこに脱落心身が現成し、やがて魯のごとく愚の如き〝放つ位〟に逍遙することができるのである。

4

禅の書物に『無門関』というのがあることは御承知だろうと思うが、その第四十六則に「竿頭進歩」という公案がある。

石霜和尚云く、百尺竿頭如何が歩を進めん、又古徳云く百尺竿頭に坐する底の人、然も得入すと雖も、未だ真と為さず、百尺竿頭に須らく歩を進め、十方世界に全身を現ずべし。

前の光友侯の歌でいえば「ただゆるみなきあづさ弓」という、その充実の極点を百尺竿頭とみていいだろう。つまり悟りの真ッ只中である。それはもちろん山ならば登りつめた頂点だから結構にはちがいない。しかし、結構だからといって、そこに尻を据えていい気持ちになっていると、とんでもないことになる。それは「悟り」には間違いないが、「然も得入すと雖も、未だ真と為さず」で、臭みが強くて本物ではない。そこから一歩を進めて「放つ矢さきは知らぬなりけり」と、塵の世の俗物の中へ「全身を現じ」て、下りて来ないといけない。どちらかといえば、その向下の方にこそ禅の境涯があるといえる。

趙州和尚も、一人の僧の「あらゆる存在は結局一に帰着すると申しますが、その全一なるものは、どこに落ちつくのでしょうか」という問いに対して、こう答えている。「わしが昔、青州で作ったきものはナ、一着で目方が七斤もあったよ」。

いってみれば、全一はかえって万物として己れを具体化するとでもいう意味だろうか。

万物が一に帰するのは否定の面で、石舟斎のいわゆる殺人刀であり、一が万物に己れを現わすのはその否定を更に否定したもので、結局万物をあるがままに肯定する活人剣に当たるであろう。

「張れや張れ」と「ゆるみない」緊張に、朝夕切瑳琢磨して道の成就を期するものを、百尺の竿頭を登り極めようとする向上的な精進とするならば、その竿頭から翻転して行方《ゆくえ》も「知らぬ」という愚の如く魯の如き境涯へ、自らを解き「放っ」てゆくのは向下的遊戯の境涯といってよいとおもう。

世俗的な意味でのあるがままの世界に対しては、その向上面において仮借なく殺人刀が揮われなければならない。絶対否定を経てこなければならない。臨済禅師の苛烈きわまりない表現を用いるなら、「祖に逢ては祖を殺し、仏に逢ては仏を殺し」「人境倶に奪っ」て、山、山にあらず、川、川にあらず、全く「はらひはてたるうはの空かな」という徹底的な掃蕩が行なわれなければならない。ここにおいては黄金もその色を失う。これが百尺竿頭上の風景であり、万物が一に帰着した姿であり、「ただゆるみなき」緊張の消息であろう。

近ごろのはやり言葉で「禅経験」というのは、実はこの間の消息を体験することだと思う。古来からの常套語でいえば、大死一番ということにもなるであろうか。これは尊い体験で、いやしくも禅を口にするものは、この体験をかならずもたなければならない。けれども、ここにおち込んで身動きならないのも一つの禅病である。

そこでさらにその境位を否定して、「人境倶に奪わず」と臨済禅師の言われた世界、山は徹底的に山であり、川はあくまでも川であるところの、法、法位に住する、現実の世界を真なりとする境地に向下し転回してこなければならない。それが万物各その本分に生きる本当の意味でのあるがままの世界である。瓦礫もことごとく光りを放つ現実肯定の世界がこれである。

「十方世界に全身を現ず」というのは、このようなあるがままの世界において、自由無礙に何の構えもなく、魚の水を行くように、鳥の空を飛ぶに似た、あるがままの自己に生きる「放つ位」にほかならないであろう。「始めは芳草に随って去り、また落花を逐うて回《かえ》る」という無心の境涯、「馬となって東家に行き、牛となって西家に遊ぶ」底の任運の行動は、このようにして百尺竿頭更に一歩を進めたもののみに味わえる、禅心の生活といってよいであろう。

前に引用した白隠禅師の賞玩された「徳雲の閑古錐」のように、「他の痴聖人を傭うて、雪を担いて共に井を埋む」という徳雲比丘の痴聖ぶりは、「放つ矢さきはしらぬなりけり」という剣境にも一脈通ずるものがあると思う。

古井戸に雪を投げ込んで埋めようとしてもとても埋まるものではないが、その痴愚を敢えてするにもひとしい下化衆生に狂奔する禅者と、切って放った自らの矢の、その行方さえも知らぬという八方破れの剣者と、倶にともに手を携えてゆく境位は、いずれ劣らぬ馬鹿さ加減である。〝放つ位〟には、そのような痴聖の悠揚たる面影も見られるのではないだろうか。

九　猫の妙術——田舎荘子の語る剣の極意

関宿《せきやど》（千葉県）の久世大和守の家中に、丹羽十郎右衛門忠明という人がいた。旗奉行として三百石を受け、おそらく元禄から享保頃にかけて活動したと思われるが、神・儒・仏三教にくわしく、特に老・荘・禅に深かったようである。この人、文名を佚斎樗山といい、また可渓とも号した。寛保元年（一七四一）四月、八十三歳の高齢で、藩地関宿で寂然として天寿を終わっている。

著述としては『河伯井蛙文談』『田舎一休』『地蔵清談』等があるそうであるが、一般に知られているものには『田舎荘子』『天狗芸術論』等がある。『天狗芸術論』は、夢に天狗が出て来て武術を中心に、芸道の極意を語るのだが、『田舎荘子』は全編それと同じ趣向のもとに、「雀蝶の変化」「木菟の自得」「蟇の神道」「鳩の発明」といったあんばいに、鳥獣虫魚に仮託してあるいは剣を論じ、あるいは神道を語り、または老荘を談ずるなど、まことに興味深いものがある。

その『田舎荘子』の中に「猫の妙術」と題し、古猫が剣の極意を説く一編がある。原文をそのまま写しても今の人には耳遠いだろうから、要領を意訳して記してみよう。

「勝軒といふ剣術者あり」。まずこう書き起こしている。その勝軒の家にいつからとはなく、一匹の大鼠が住みついて、この頃では真ッ昼間から遠慮会釈なく座敷に現われては暴れ回る。そこで、近所から猫を借りてきて追い入れてみたが、どの猫もその大鼠には歯が立たない。業をにやした勝軒先生、みずから使いなれた木剣をひっさげて出動した。タンダ一ト打ちとやってみたが、巧みにくぐりぬけられてしまう。さすがの剣の名手も、いたずらにふすまや障子をたたきやぶるだけで、うっかりすると逆に顔や手足を引っかかれそうである。

鼠との一騎討ちにたたかいつかれた勝軒先生、汗をふきふきひと息いれているうちに、ふと六、七丁も先に「無類逸物の猫」がいるといううわさを思い出した。使いをやってその猫を借りてこさせたが、到着したやつをみるとガッカリした。「形りこうにもなく、さのみはきはきとも見えず」、うすぼんやりした猫で、まことにたよりないかっこうをしている。せっかく遠くから借りてきたのだから、とにかく入れてみろと、たてきったふすまをあけて座敷の中に放り込むと、これはまた何としたことか、今の今まで大暴れしていた鼠公先生「すくみて動かず、猫何のこともなく、のろのろ引きくはへて来りけり」という結果になって、永々の鼠騒ぎも馬鹿にされたように、一瞬の間にあっけなく片づいてしまったものである。

さて、その夜のことである。その古猫を上座に請じて、古今無類の猫族会議が開かれた。

まず第一に口を切ったのが「鋭き黒猫」である。

「わたくしは鼠を取る家に生まれ、幼少のときから、その道を修練し、早業軽業至らざるなく、桁《けた》や梁《はり》を走る鼠でも捕り損じたことがなかったのに、あの鼠だけはどうも……」

とくやしがる。

議長席に納まった例の古猫は、重々しく口を開いてこれに答える。

「君の修練したというのは所作、つまり手先のわざである。だから隙に乗じて技をかけてやろうとして、いつもねらう心がある。一体、古人が所作を教えるのは技法の道筋を教えるもので、したがって形は簡単でも、その中には深い真理をふくんでいる。その真理とか道筋とかを知ろうとせず、形式上の技だけをまねるようになると、いわゆる所作くらべというものになり、道や理に基づかないから、やがてそれが偽りの技巧になって、かえって害を生ずる。その点を反省して、よくよく工夫しなさるがいい」

と、技巧派、腕自慢のややもすれば陥りやすい弊を戒める。

次には、いかにもたくましく強そうな「虎毛の大猫」がまかり出た。

「わたくしの思うには、武術というものは要するところ気勢です。で、わたくしは、その気を練ることを心がけてまいりました。今ではそのために気が闊達至剛になり、天地に充満するほどになりました。その気合いで相手を圧倒し、まず勝ってからのちに進み、相手の出方次第で自由に応戦し、無心の間に技がおのずから湧き出るような境地になりました。ところがあの鼠は、往くにも来るにも跡形というものがないので、どうにもわざのほどこしようがありませんでした」と、苦戦の状を訴える。

「君の修練したのは、気の勢いに乗ってのはたらきで、まだ自分にたのむところがある。だから相手の気合いが弱いときにはいいが、こちらよりも気勢の強い相手だと手におえないのだ。きみが闊達至剛で天地に充つると思ったのは気の象《かたち》であって、孟子などのいう浩然の気とは以て非なるものだ。たとえていえば、孟子の浩然の気が利根川の本流なら、君の気は俄雨のどぶ水ぐらいのもので、相当の開きがある。そのどぶ水ぐらいの気勢で無理押ししても、それに屈しないもの——今日の鼠のように生死を度外視し捨て身になったものには、歯が立たないのも当然だ。窮鼠かえって猫を噬むというのがそれだ」

少し年とった「灰毛の猫」は、この古猫の話に何度もうなずきながら聞き入っていたが、やがてしずしずと進み出ていうよう、

「全く仰せの通りと存じます。わたくしは、そこに気づいて、かねてから心を練ることに骨折ってまいりました。いたずらに気色ばらず、物と争わず、つねに心の和を保って、いわばのれんでつぶてを受ける戦法です。これにはどんな強鼠もまいったものですが、今日の鼠は何としてもこちらの和に応じません。あんな物すごい奴には出会ったことはありません」

「なるほど、君の和は、気勢よりは奥儀を得ているにちがいないが、しかし惜しいかな、思慮分別から和そうとつとめているので、自然ではない。分別心から和そうとすれば、相手は敏感にそれを察知する。わずかに思慮分別にわたって作為するときは、自然の感をふさぐから、無心の妙用など到底発揮できるものではない。そこで、思慮分別を断って無心無為、感に随って動くという工夫が必要だ」

こういって古猫は、技・気・心の一辺倒的修行を一応みな否定したが、そこで語調をあらためて結論を下した。

「けれども、君たちの修行したことがみな無駄かというと、決して、そうではない。技といえども宇宙の真理の現われであるし、気は心の用をなすものだ。要はそれらが作為から出るか、それとも無心から自然に流露するかで、天地のへだたりができるのだ」

一同は声もなく聞き入っている。

「しかし諸君、わしのいうところを道の極致だと早合点してはいかん。上には上があるものだ。む

かし、わしがまだ若い頃、隣村に一匹の猫がいて、朝から晩までなんにもせずにいねむりをし、さっぱり気勢も揚がらず、まるで木で造った猫のようだった。だれもかれが鼠を取ったのを見たことがない。けれども不思議なことには、かれのいるところにはその近辺に一匹の鼠もいなくなる。鼠の密集しているところへ持って行っても同じで、たちまち鼠の影も形もなくなってしまう。わしはかれにそのわけを聞いてみたが、かれは笑うだけで答えなかった。いや、答えないのでなく、答えられなかったのだ。かれこそはほんとうの己れを忘れ、物を忘れ、物なきに帰した神武不殺の境涯だ。自分などのとてもとても及ぶところではない」

このあたりが、この一篇の物語りのクライマックスである。

勝軒はこの問答を夢うつつで聞いていたが、思わず膝を打って進み出で、ていねいに古猫に向かって一礼し、

「わたくしは永年、剣の道を修めてまだその奥儀に達しませんでしたが、今宵はからずも皆さんのお話を聞いて剣の極意を得ました。願わくばさらにその上の奥儀を示していただけませんか」

と、いともいんぎんに請うた。

古猫は、はじめは「われは獣なり、何ぞ人のことを知らんや」などといっていたが、なかなかの学者とみえ、易経まで引用し、うんちくを傾けてとうとうと、蓄えず偏らず、敵もなく我れもなく、物来たるに随って応じて跡なしという無物の理を説くのである。

「敵なく我れなしとは?」と、勝軒が重ねて問うと、

「敵と我れとは、相対的なもので、我れがあるから敵ができるのだ。したがって、我れなければ敵

もない道理である。陰陽も水火もそれと同じことで、彼なければこれもないわけだ。一体、形あるものはことごとくみな相対的である。だから、自分の心に固定的なとらわれ、つまり象《かたち》がなければ対するものもなくなるのではないか。それを敵もなく我れもなしというのである。心と象とともに忘れて、湛然として無事なるときは和して一で、天地と同根、万物と一体である。そのときは世界はわが世界ということができる。古人も〝眼裏塵有れば三界窄く、心頭事無ければ一床寛し〟といっているではないか」

こういって、なおじゅんじゅんと説いてやまないのである。

以上が「猫の妙術」の荒筋である。これはむろん『田舎荘子』の標題が物語っているように、『荘子』の達生篇にある闘鶏を養う話などから換骨奪胎したものと思われる。

『荘子』には、次のように書いてある。

むかし紀省子《きせいし》というものが、王のために闘鶏を養った、十日ばかり経って王が「どうだ、もう闘わせてもいいか」とたずねると、かれは「未《いま》だし、まさに虚憍《きょきょう》にして気をたのむ——まだ空いばりして闘争心があるからいけません」と答えた。また十日ほどして「どうだ、もういいか」と聞くと、依然として「未だし、猶お響景《きょうえい》に応ず——よその鶏の声や姿を見ただけで、いきり立つからまだ駄目です」という。また十日たったが「未だし、なお疾視して気を盛んにす——まだ目を釣りあげて、威張っているからいけません」という。さらに十日を経たら「幾《ちか》し。鶏、鳴くものありと雖もすでに変ずるなし。之れを望むに木鶏に似たり。その徳、全し——もういいでしょう。よその鶏が鳴いても顔色も変えません。ちょっと木で作った鶏のようですが、完全にでき上がりました」という。そこで闘わせてみたら、果たしてほかの鶏は闘わずして逃げたとある。おそらくこの闘鶏の話が「猫の妙術」の原典ではないかと思う。

なんの道でも同じだが、修行者はややもすれば技巧の末に走って根源を忘れたり、「虚憍にして気を恃《たの》み」「疾視して気を盛んする」などの鼻っ柱の気勢に力みかえったり、あるいはせっかく心や精神を養ってもそれを実体的なものと考えたり、意識分別にわたったり等の弊を伴いやすいものである。そういう点を指摘して修行の正しい方向を示したものとして、この「猫の妙術」はひとり剣道にかぎらず、諸道に通ずるものがあり、人生の指導書としても、あらゆる角度から見ておもしろいと思う。

聞くところによると、山岡鉄舟先生はこれを非常に珍重され、他の伝書類は自流他流の区別なく自由に見せたが、これだけは容易に見ることも許されなかったそうである。

古猫の教えたように、無物無我の根源に立てば、技・気・心の三つが一つに和して絶大のはたらきを示すけれども、有物有我を基盤とすれば、それら三つのものはそれぞれその一つだけを絶対視してバラバラになってしまうばかりでなく、正しい道を体得する上において、どうしようもない弊害になるであろう。

幕末の剣客千葉周作は、つねに「夫れ剣は瞬息、心・気・力の一致」と、門下に教えたと聞いているが、かれの門人、森景鎮はその著『剣法撃刺論』（文久二年）の中で、師のこの句について説明している。その一節に曰わく、

扨この心気力別れ〳〵なる時は剣法の用弁を致さず、たとへば砲薬の如し、硫黄、白硝、灰と別れ〳〵にある時は勢至って弱く、三品合法する時は勢ひ当りがたく、天地も震動するに至る。

云々

森景鎮の解するところによれば、その三つのうち力とは「気の通ふ処に随てあるもの」で、結局それは「業《わざ》」だと言っている。業はいうまでもなく技のことだから、千葉周作の心気力一致とは、猫のいう心気技の一和と同じ意味とみてよいと思う。

剣の道だけではなく、広く芸道と名のつくほどのものは何のわざでもそうだと思うが、はじめはかならずその技の反復練習から入るのが順路である。もちろんそれは意識的な動作である。それが千万鍛されていくうちに、だんだん意識を用いないでもその技が行なえるようになり、ついにはほとんど反射作用的になってくる。それを「手に入った」とか「身についた」とか、または「板についた」などというのである。武道では古来そのために、数稽古と工夫稽古が行なわれた。前者はいわゆる掛り稽古式に回数を多くし、自然に技のこつを体得する量的な稽古方式である。後者は一本一本を無駄なく反省工夫しながら行なう理論的、質的な方法である。

いずれにも一長一短は免れないにしても、その二つの仕方が互いに相補って技術の進歩を助け、わざが完全に身につく、つまり体得でき、自分のものになってくる。技の修練を無視して、芸道の成立ついわれはない。

それでは技だけを機械的に反復していれば、しまいには道の奥儀に達することができるかというと、かならずしもそうはいかない。技というものには一定の限界があり、制約もあって、それだけではいかに巧くなっても、しょせんは小手先芸で、熟練工という以上には到底出られるものではない。「鋭き黒猫」がそのよい例で、あの程度では業師以上のなにものでもないであろう。その技境の限界を突破し、そこから一飛躍をなしとげてこそ、はじめて「技、神に入る」という世界が開けてくるのである。それにはどうしても、心の修行がなければ駄目である。

古来の武芸者が、武道修行の根本は「生死決定」にあるとか、「心体開悟」だなどといっているのはそのためである。山鹿素行が『陰陽兵源論』の中で「兵源無物」と呼んでいるような兵道の根源、武道の因って生ずる源泉の無の境地をしかと承知して、生死のない絶対の世界に眼を開き正見を得てこないと、技は神に入らないのである。そこに至って、はじめて籠の鳥が大空に放たれたように、技術の枠から芸道の自由無礙の世界に飛躍し、躍り出ることができるのである。

しかし、ここにも注意しなければならない落し穴がある。心というものを実体的な存在と見て、その幻影にとらわれ、そこに住着する病がそれである。古人が理兵法と呼んだ観念論もその一種であろう。それは心の本体を本当に看破しないことからくる病弊であるのはいうまでもないが、同時にまた、心をあまり重く視て技を軽んずることから、知らず知らずの間に心と技との二元対立を生じ、「灰毛の猫」になるものも決して少なくないのである。もしこの「灰毛の猫」の極端なのを理兵法と呼ぶならば、「黒毛の猫」の行き過ぎを畜生兵法といっていいだろう。いずれも偏向を免れないと思う。武道をやるものは畜生兵法に偏しやすく、禅をやるものには理兵法組が多いのは、前者は力や技がすべてだとする悪悟りだし、後者は心を万能薬と錯覚してのヒイキの引倒しというべきであろう。

『天狗芸術論』に、このような一類の徒を戒めてこう述べている。

心体開悟したりとて、禅僧に政を執《と》らしめ一方の大将として敵を攻《せ》むに、豈よく其功を立んや。其心は塵労妄想の蓄へなしと雖も、其事に熟せざるがゆへに用をなさず。

たしかにその通りで、白隠和尚をつれてきて、ジェット機の操縦をさせてみても、できないにきまっている。「其事に熟せざるがゆへ」である。いかに達人でも、熟しないことはできないのが当りまえである。しかし、それができないことは、かならずしも白隠和尚の道力の有無と関係があるものではない。また、それによって禅のねうちが格下げされるわけでもあるまい。それよりは、たとい心体は悟っても、手に習熟しないことはできないというほうが、むしろ禅の真理にかなうであろう。

そのように心と技とは決して偏着すべきではなく、「心手相称《かな》ひ憶忘一の如し」（無外真伝剣法訣）でなければならず、また「事理不偏、剣心不異」（一刀斎先生剣法書）であるのが正しい。ただ心と技とに本末の別は認めなければ本当ではないだろう。前にも述べたように、黒猫的技巧者がいくら頑張ってみても、そこには限界があって、一定のところにまで達すると、それ以上はどうにも練習効果があらわれず、そこまでくると壁に突き当たって、二っちも三っちもいかなくなる時期のあることは、誰しも経験のあることと思う。その壁を打ち破るものは「心体開悟」のほかにはない。とすれば、心が本、技は末といっても少しもさしつかえはあるまい。しばしば引用する素行先生の『陰陽兵源論』に「道法兼備の事」という一章があって、道と法とは偏廃してはどちらも成り立たないが、しかし「道のよく修まる時は法も自然と其中に備はれども、独り法のみを修むる時は必ずしも道を含めりとせず」と、両者の間に本末の差別があることが強調されている。また、横井小楠も「興道試業」ということをいっている。いまその書物が手もとにないので引用できないが、小楠は剣を学ぶに技から道に入るのと、道から技に発するのと二タ途ある、自分は後者——道に興って業に試みるのが正しいと思うと述べている。このように、心が本で技が末と本末の関係をみとめ、しかもひっきょう本末究竟等なりと看破しなければ、真の芸道は成り立つものではあるまい。

さてしからば、理窟はそうであるとして、それではどうしたら具体的に心手相称うことができるであろうか。剣心不異が手に入る方法はどうであるか、というのが次の問題である。

ここに心と技との媒介となって両者を結びつけ、これを発動させる原動力としての気というものに着目する必要が生じてくる。気には浩然の気、理気、志気、衛気、営気などという精神的ないしは生理的と考えられるものから、空気、電気などという物質的と考えられるものまであって、その範囲が非常に広く、真義をとらえることは容易でない。辞書を引いてみても、空気、息、雲煙のように空中に現われ、香臭のように物体に発し、感知できて、しかもとらえられないもの、万物の形質を生成する根源、いきおい、ちから、うまれつき、情意、風気などのふぜい等、実に多義である。

竹内大真博士は医学者としての立場から、東洋医学においての気を「精神作用として現われる生命現象」と解し、またエネルギーとかアクチビチーとかの意味にも使われる、といっている（止観行の意義と方法）。

わたくしは大体において、孟子が「志は気の帥なり、気は体の充なり」といっているように、心を載せてはたらく一種のエネルギーと解し、形なく重さもない心と、形あり重さある体とを媒介する力と見当をつけておけばよいと思っている。

一体に、道家や武芸者はこの気を重く見ている。『抱朴子』や『黄庭経』などを見ると、行気、胎息、吐納等、いわゆる養気練丹の法が煩わしいと思われるまでに説かれているし、武芸者のほうでは『天狗芸術論』や『本職三問答』『剣法撃刺論』『兵法未知志留辺』等に養気の法が書かれている。禅者では白隠さんの『夜船閑話』などにくわしく述べられていることは周知のことである。遂翁《すいおう》やその法系の人々が、綿々密々の間にその法を伝来していることも知る人ぞ知る事実である。気血の運行、営衛二気の流行を根幹とする東洋医学が、気を養うことを専らにするのはあやしむに足りない。

それほど大切な気を忘れたのでは、技は小手先芸の末に走り、心は虚遠のいたずらごとに流れてしまうのも無理のない話である。媒体が養われないから、心と技とがバラバラにならざるを得ないのである。それでは古猫のいわゆる「どぶ川」のような気を、どうしたら「江河の常流」のそれにまで練り上げることができるだろうか。

気というものは孟子によれば「体の充」で、われわれの身体に充満しているものである。意志とか、欲求とかの精神作用、精力とか活力とかの生命作用等の一種のエネルギーがそれにあたるものであろうか。その気を統一し、これをひきいてゆくものが志である。志とは心指しで、目的意志とでもいうか、無形不動の心が発動して一定の方向を指し示したものである。その指示に従って気がいろいろな作用をする、という順序である。では心→志→気という一方交通かというと、孟子は「志一なれば即ち気を動かす、気一なれば即ち志を動かす」と、その交互作用的関係を明らかにしている。志、気はその意味では同じともいえるが、他面からいうときは、ひきいるひきいられるという異なった位相をもっている。したがって、志を高邁にすることによって、気を拡大強化することもできれば、純化することもできるわけである。

孟子はまた「その気たるや義と道とに配す、是れなければ餒《う》う」と言い、或は「集義の生ずる所」だともいい、それは「義襲して之を取るに非ず」で、一度や二度道義にかなうようなまねごとをしたからといって、決して気は養われるものではない。日常つねに道義にかなうような生き方をして、日に月につみかさね、久々に純熟してゆかなければ、天地に充満するような活気は養われるものではない。精神的な方面から気を養うには、志をあくまでも高くもち、四弘の願論にむちうちつつ、「事に処して後、自ら慊る」(素行)ような、顧みてやましくない道義的生活をすることが第一の要件である。

そのような生き方をするとともに、さらに具体的にはつねに身を正し、息を正して、活気を五体にみなぎらせることが必要である。古来、臍下丹田の下を気海というが、この気海こそ気をたたえる海であり、活気の根源である。ここにたくわえられた気が一身の宗気で、その宗気が脳髄や脊髄を調節機関とし、神経系統を電線として全身に送られる。宗気は小にしては各細胞の生命であり、大にしては一身の精神である。したがって宗気のたたえられている気海と、不老不死の丹薬を作り出す田地と考えられた丹田とを練ることが、活気張溢の第一歩でなければならない。

それには『坐禅儀』の示すように「脊梁骨を竪起」して軀幹を整正充実させること、呼吸を深く引いてここにまで至らしめる——つまり姿勢を正して丹田呼吸をすることが大事である。むろん吸った空気が下腹部まではいくまいが、しかしヘレン・ダラム氏はこういっている。多くの人は「肺は胸部の線で終わっていると思いこんでいるが、これは間違いである。肺は両側の季肋部から、ずっと下って腰の線あたりまで及んでいる。呼吸するときに絶えずこの重要な肺の下部を使用しなかったら、あなたは保険会社にとってはあぶない人物であり、美人投票では落第する」(深く呼吸せよ)と。道家の説では、吸気は右腎に入り、呼気は左腎を通じて出る、その一呼一吸のふいごの作用により、本来上昇性をもつところの心火(心臓の気)を丹田に沈下させ、下降性をもつ腎水(腎臓の気)を絳宮に上昇させて陰陽の調節をはかり、頭寒足熱、活気充実をはかることができるという。それを誤ると天地否の卦のように天地陰陽隔絶して、白隠さんの若いときのように心火逆上し病気になるわけである。また、五気朝元の法といって、精気、神気、魄気、魂気、意気の五気すなわち五臓の気を眼耳鼻舌身の五門を閉じることによって、還元、充実させる養気法がある。これなども、呼吸を調節し深く禅定三昧に入って、心身空寂に帰すればおのずから得られるわけである。「真人は息するに踵を以てす」というが、呼吸を深くすることが気を存養するのにもっともよいとされる。「正しく呼吸することは正しく生きることである」とヨーガの訓えるのは、確かに真理である。「生きる」ことは要するに、「息する」ことにほかならないからである。

有名な貝原益軒『養生訓』には、

およそ気を養ふの道は、気を減らさざると、塞《ふさ》がざるとにあり。気を和げ平らかにすれば、この二つのうれひなし。

といい、また、

養気の術、つねに腰を正しく据ゑ、真気を丹田にをさめ集め、呼気を鎮《しず》めて粗《あら》くせず、事にあたりては、胸中の微気をしばしば口に吐き出して、胸中に気をあつめずして丹田に気をあつむべし。凡そ技術を行ふ者、殊に武人はこの法を知らんずばあるべからず。

と教えている。

たしかに当時の武芸者の間にはそれらの法が密々に秘修されて来たが、近ごろではその伝が絶えているのはおしいことである。もっとも禅者の方でも数息観などやりながら「小止観」さえものぞかない不熱心さなのだから、已むを得ないことかもしれない。むかしは両国橋を一息で渡れなければ、一人前の武芸者ではないといわれたものである。禅僧でも、わが天竜の竜淵和尚が鼠と呼吸を合わせ、五分ほどいきを止めていてこれを退治したという話もあって、丹田呼吸で定力を練ったことを示している。

ところが、『真詮』という書物に葆真子の言として「調息は乃ち初機の功」だとある。「得て天無く地無く我無く人無きの境界に至れば更に何の息あってか調ふべき」と。ごもっともというほかはない。わたくしはその初機の功を語っているので、初機の功を積まずに一超直入に古猫や木鶏にはなれぬといいたいのである。古猫や木鶏に至るの初功第一関が調息練丹――気を練るということなのである。

前にも引用したが、尾州二代の徳川光友が、その悟ったところを師の柳生連也に呈示した歌には「張れや張れただゆるみなき梓弓、はなつ矢さきは知らぬなりけり」とある。連也の子孫に当たる柳生厳長氏は、これを精進、充実、超絶の三段に分けて真剣の玄妙を説いている（前章「放つ位」参照）。まず第一段は張りに張る精進がなければならない。それはやがて寸時もゆるみのない緊張充実の純粋持続の姿となる。最後は一転して放つの超絶境に生死勝敗をすべて解説して、逍遙遊を現ずるというのである。

気を練るにも大別すればこの三段階があるように思う、張るは初心の段階であるが、しかし初心といっても、ズブの初心ではなかなか張ってこない。張ることができれば、まず第一段階は卒業である。虎毛の猫はこの位にいるのだが、弊としては気張りすぎて勢いに乗ずる欠点がある。これを通り過ぎて第二のゆるみない充実の境になれば、努めずして緊張の持続ができる。白隠さんの形容する「鼓然たること未だ篠打《しのうち》せざる毬の如」く、表面的な気張りや気の濁りは自然に沈下して、たとえば回転の極にあるコマのように澄んでくる。仁王三昧の凛然たる気魄が人を圧するようになる。白井亨の「天真赫機」とよぶ剣尖から火の玉が出るという境地はこれであろう。そこから更に一機転撥したのが放つ位で、古猫の至境である。ここに至れば気は冴えて光ってくる。『天狗芸術論』に「濁気去るときは気、生活し、心体ひとりあらはる」とあるが、不純な気がなくなると、気が活きてくるから冴えるので、そうなると心体ひとりあらわるというか、心気渾然としてしかもこれを超脱する。気を練ってここに至れば、上は放つの絶対境に心気が一つにとけあって、自由の天地に逍遙し、下は気技一致して自在の妙技を発揮することができる。気の媒介によって心技一如し、心手相称《かな》うわけである。これを芸道の三密というならば、心気技の三密一如してはじめて芸道全しというべきであろうか。

しかし、それだけでも未だ実は至極とはいえない。そこからさらに古猫の先輩の隣村のいねむり猫のような、木鶏的なところに達するには容易なことではない。更に参ずること三十年せねばなるまい。

この稿を草しおわった当時、いまは亡き小倉正恒氏から『小倉正恒談叢』の寄贈を受けた。直ちにひらいて「禅と剣」の項をみると、そこには猫の妙術について興味ある解説が載せられていた。

翁はまず、「一刀流兵法正五典」と、「禅の五位」を照応させて論じている。

正五典は、妙剣、絶妙剣、真剣、金翅鳥王剣、独妙剣の五本の組太刀だが、それは五位の正中偏、偏中正、正中来、兼中至、兼中到に相応するのだそうである。そして翁は五位を次のように説明している。

正中偏、偏中正——正とは平等の本体の謂であり、偏とは差別の相を云うのである。（略）中とは通ずる、または入るの意であって、正中偏は正が偏に通じ入り、偏中正は偏が正に通じ入る、正偏互回と云うのである。正中来——正偏を分てば上述の如くなるが、本来は正なく偏なく正一本である。これが正中来である。兼中至、兼中到——以上正中偏、偏中正、正中来の三位は理論であって、ここに止っていては十分でない。そこで動用即ち実際に働く場合、更に第四位に入り、正と偏とを兼ね具えたる兼中至となる。兼中至は兼中到の入口である。この入口を透過して、第五位の兼中到に達する。ここは森羅万象あるがままに見、万事を超越——所謂仏祖超越の境地である。

さて、そこで猫であるが、「第一猫の所作と第二猫の気勢」とは相対した二律で、第一が正なら第二は偏に当たる。「所作に力を入れれば気勢が抜け、気勢に気を付くれば所作がお留守になる。兎角二律が背反」する。その背反する二律を併せたのが第三の灰毛だと、翁はいうのである。すなわち「黒色に虎色をあわせれば灰色となる」と説明している。この第三猫は未だ正中来で理論の域を脱しないので、次の動用が必要になる。それが第四の段階たる座長の猫の境涯で、これは「相違なく名人芸」だと賞揚されているが、この辺の説明が圧巻のように思われる。

第四猫の段階は、正五典での金翅鳥王剣に相応するものである。刀を大上段に執って猛然敵に迫まり、渾身力を竭して打落す。更に刀を入替え一刀を揮って敵を仕留めたる後、再び大上段にてサラサラと引上げる。金翅鳥王というのは、仏典の上でよく比喩に使われる途方もなく大きな鳥で、常に生きた竜を喰べている。その金翅鳥王が竜を捕える時には、大きな両翼を拡げて大海の上空を飛戈する。その翼が日光を遮って海上が暗くなる、竜が不審に思って海底から水面に近づく。金翅鳥王は卒然舞い下って羽ばたきする、海水がはねのけられて竜が頭を出す。金翅鳥王はこれを引摑んで空高く舞い上がる。かような雄大な幻想が組太刀に仕組まれて金翅鳥王剣となる。（略）天地一枚の奮迅三昧を妙処とする。

この第四が二律一致の兼中至の位で、次の第五の終日眠っている木で造ったような猫の境地が、二律超越の兼中到に相応するのだという。正五典では独妙剣に当たるといわれる。

刀を青眼に構えてただ立っているばかりであるのに、出て来た敵は倉皇として引き下がる。第五の階級では禅から昇って禅ではない、剣から昇って剣ではない。一見したところ何も出来そうに見えないでいて、何事でも出来てしまう。

以上が小倉翁の説明のごく荒筋である。さすがに禅と剣とで鍛えた老大家の筆はちがったもので、私もこの文章を拝見してスッカリ感激してしまい、自分が伝統的解釈も知らずに、勝手な法螺を吹いたことを大いに悔いた次第である。

ところで、第三猫までの、所作と気勢の二律背反や、その併合具備は問題がないとして、ただそれが妙剣、絶妙剣、真剣と、どう相応するのかを知りたいと思うが、惜しいことにその説明がない。それに甚だ生意気な言い方で恐縮であるが、四、五は剣・禅・猫の三者が見事に照応するけれど、第三までの五位の配当に少々無理がありはしないかと思われる。正五典と五位の照応は、十分に五位を練られた鉄舟翁などの検討を経たものだから、そこには寸分の違和もないと思うが、猫との照応はどんなものであろうか。それが十分でないのは、思うに「猫の妙術」は、はじめから一刀流の秘伝書として書かれたものではなく、後来何人かによって一刀流内に取入れられ、ちょうど五猫だったので正五典に引き当てられたものではないであろうか。妙剣が所作、絶妙剣が気勢、真剣がその両者の具備ということで剣の方に問題がないのならば、それでまことに結構だと思う。けれども、これを五位に配当して、所作を専らにするのが正中偏、気勢を重んずるのが偏中正だというのでは、わたくしならずとも禅者はおそらくそう見ることをうけがわないであろうと思う。五猫を無理に五位に配当しなくとも、表題の『田舎荘子』をすなおに受けて老荘的修練の五段階としたところで、十分に意味もあれば、深玄味もある。

室内で五位を透過した禅者で、一刀流正五典の独妙剣の境地——敵が真向うから斬りかかる白刃の下に、心身みじり動きもせず、迎えず送らず、魯の如く愚の如く、木で造った猫の如く、全く剣に入って剣を出で、何も知らぬ元の木阿弥に還った姿で、これを望めば木鶏に以て、しかも其徳全しという境地を、如実にわがものとしたものが果たして何人いるであろうか。正偏の二辺を絶した放つ位は、観念論や隠居婆さんの日向ぼっこ坐禅ではとてもとてもである。まず気を張ることからはじめ、練り去り練り来たって、澄みやがて冴えるところまで行かなければ、いくら公案を数えてもしょせんは畳水練、理兵法である。

香を焚いて大展三拝、遙かに古猫に稽首する。

十　独妙剣——一から無に掘り下げた鉄舟

1

むかしから一刀流の「一刀」が、そもそも何を意味するのかを、流外の者がかれこれと臆測をたくましうしたものとみえて、たとえば白井亨などは『兵法未知志留辺』（天保四年）において「一刀流と称する者は一刀截断の義に非ず、仏典に謂ゆる阿字の一刀」であると断わっているし、古くは古藤田俊定の『一刀斎先生剣法書』（寛文四年）にも「千刀万剣を唯一心に具足し、十方に通貫して変転自在也」とか「一剣一理を主とするときには一心不変の位に備る」などともいっている。実は『一刀流仮字書目録』に、もっと明瞭に記されているのだが、命よりも伝書を大切にした当時のことだから、流外の者、いな、流内の門人ですら未だその境地に達しないものにはそれを知る由もなかったのであろう。すなわち、その仮名字の伝書には、こうある。「一刀流と云ふは、先一太刀は一と起て十と終り、十と起ちて一と納るところなり。云々」。山岡鉄舟翁はそれを解して「万物太極の一より始まり、一刀より万化して、一刀に治まり、又一刀に起るの理有り」と、いっている。

一刀流の「一」がそのような窮極的な意義をもつものだとすれば、それはさらに深められ、その根源を突きつめてゆくとき、必然的に「無」に到達することは、大極は無極という易の道理から推しても、または禅のゼの字でもかじったものには朝飯前の問題である。一刀流は、かくて当然無刀流に展開すべき必然的因子を、はじめからもっていたといえる。

それでは鉄舟翁以前にはそこに開眼したものはなかったかというと、決してそんなことはない。古くは柳生但馬守宗厳がこれを唱えている。

宗厳は上泉伊勢守の指導を受けて新陰流を学んだのだが、伊勢守は宗厳と柳生谷で別れるとき、「自分は永年無刀の道の工夫をしたが未だ完成しない。子は年も若いことだから、どうかこの道を成就して末代のほまれを立ててもらいたい」と依嘱し、再来を約して去った。それから三年を経て永禄八年、伊勢守が再び柳生を訪れたときは、宗厳はすでに無刀の道理とその術とを示し得るまでになっていた。そこで伊勢守はこれを激賞し「天下無双の剣」とし新陰の正統を伝えたのである。

宗厳の歌に、

　万法は無に体するぞ兵法も無刀の心奥儀なりけり

というのがある。

そのほかにも富田《とだ》流の富田重政も無刀取りという技を奥儀としているなど、剣道史を調べればまだ何人かあると思うが、しかしそれらの場合の〝無刀〟とは、素手《すで》で太刀に立ち向かう、俗にいう真剣白刃取りといったような技法であって、鉄舟翁のそれとは少しく趣きを異にしていると思う。〝無刀〟という言葉に深い哲学的あるいは禅的な要素を含蓄させて用いたのは鉄舟先生がはじめであって、その点では非常な見識というべきである。

理として朝飯前の、この一から無への掘り下げは、しかし事としては実に容易な問題ではない。

先生は明治十三年三月三十日払暁、剣の極意を大悟して無刀流を創始されたのであるが、その年の四月に「剣法と禅理」と題してそこに至るまでの経路をみずから手記されている。それによると、先生は「年九歳のころ、はじめて剣法を久須美閑適斎に学」んだとある。しかし、その翌年には父が飛騨高山の郡代となって同地に赴任したのだから、久須美に真影流を学んだ期間は僅少であったろう。その後、高山で井上清虎から北辰一刀流を学んだ。おそらくこれが学剣の基礎をなしたのではないかと思われる。嘉永五年、父が歿して江戸に帰るまで学んだとすれば、七年間は井上に師事したことになる。江戸に帰ってからは講武所に入って、千葉周作に就いたわけだが、みずから記すように、そのほかにも「或は斎藤（筆者注、弥九郎）桃井（筆者注、春蔵）等に受け、其他諸流の壮士と共に試合する事、其数幾千万なるを知らず」というから、当時、名ある剣士は片っぱしから歴訪したものと思われる。

安政三年二十一歳のとき、技倆抜群の故をもって講武所の世話役にあげられたが、そのころの逸話として、講武所の稽古が形式的で生ぬるいのに憤慨した先生は、ある日、木剣を構えて一寸あまりの欅の羽目板めがけ「えいッ」とばかり得意の諸手突きを入れたところ、その板を突きぬいたという話がある。正に「鬼鉄」の面目を発揮した一場面である。

しかし、先生自身としては、そんな剛勇程度では満足できず、「刻苦精思する事凡そ二十年」「剣道明眼の人を四方にもとむると雖も、更にその人に遭ふ能は」ざることをつねに嘆じていた。ところが、たまたま奥平家の師範中西子正の次男で、若州小浜の藩士浅利又七郎義明という人が頗る達人だということを耳にしたので、先生は大いに喜んですぐに訪ねて試合を申し入れた。

果して世上流行する所の剣術と大に其趣きを異にするものあり、外柔にして内剛なり、精神を呼吸に凝し、勝機を未撃に知る、真に明眼の達人と云ふ可し。是より試合するごとに遠く其不及を知る。

と、自記している。こういうところに先生の誠実無類の人柄がはっきりと見られる。

そのときの試合いぶりは、当時浅利門下でのちに鉄舟門下に弟子入りした藤里新吉という人が、まだ少年だったが、かたわらで見学していた。それを無刀流三代の石川竜三氏が聞いて、人に話した記録が残っている。

それによると、浅利、山岡両先生は縦三間、横五間の道場を、ところ狭しとばかりに小半日猛烈に試合ったが、なかなか勝負がつかなかったようである。鉄舟先生が激しい体当りでぶつかって行くと、浅利先生はそれを相手の脇の下から引っかけるようにして右に外し、左にくじき、しまいに諸手突きに突き放す。最後はとうとう鍔ぜり合いになって、鉄舟先生は六尺二寸、二十八貫の巨体を利して右足をからませて浅利先生を押し倒した。

浅利先生は起きなおって道場の中央に坐り、面紐をといて、

「山岡さん、いまの勝負はどうですか」

と、問われた。

「とうとうせしめました。むろん拙者の勝です」

と、鉄舟先生は意気揚々たるものである。

「いや、私の勝です。倒れるとき打った胴はたしかに手答えがありました」

「これはしたり、拙者は打たれた覚えはありません」

「ではどうか胴をしらべて下さい」

そこで鉄舟先生は、竹の上になめし皮を張った自分の胴を外してみると、たしかに右の方の竹が三本ほど折れている。一瞬、ハッとしたが、何しろ青年気鋭の負けん気の頃だったから、

「ナーニ、これは私が貧乏で虫の食った胴を使っていたので、ひとりでに折れたのです」

こう言い張って、その日はそれで試合を終わって浅利道場を辞して帰った。

帰りがけに義兄の高橋泥舟の家に立寄って、いまのような試合の顚末を物語ると、泥舟先生は、

「鉄ッつあん、そいつは本物だぜ！」

と感嘆していった。

「おれもそう思う」

こういうことで鉄舟先生はその翌日、前日の無礼を謝し、改めて礼をつくして浅利の門に入ったのである。

さて、その翌日から浅利道場に稽古に行くと、木刀試合である。浅利先生は下段につけてジリジリと気合いで攻めてくる。鉄舟先生は青眼に構えて浅利の剣先を押え、押し返そうとするが、浅利は少しも応ぜず、磐石のようである。しかも面前人なきが如くに、ヒタヒタと押してくる。鉄舟先生の剛気をもってしても覆うに覆われず、破るに破れず、一歩退り、二歩ひき、ついに羽目板まで追い込まれてしまう。

そこで、また元の位置に戻ってやってみるが、やはり同じことで、忽ち追い詰められてしまう。こ

んなことを四、五回繰り返した末、しまいには浅利の下段の剣頭に押されて溜りの畳の上に追われ、とうとう仕切戸の外まで追いつめられると、浅利先生はとっさに杉戸をピシャリと閉めて奥へ入ってしまう。毎日こんな状態で、手も足も出なかった。先生の自記には、これを、

爾来修業不怠と雖も、浅利に可勝の方法あらざるなり。是より後、昼は諸人と試合をなし、夜は独り坐して其呼吸を精考す、眼を閉ぢて専念呼吸を凝し、想を浅利に対するの念に至れば、彼れ忽ち余が剣の前に現はれ、恰も山に対するが如し、真に当るべからざるものとす。

と嘆じている。『無門関』にいわゆる「熱鉄丸を呑了するが如くに相似て、呑めども呑みつくさず、吐けども吐き出ださざる」底の進退全く谷《きわ》まるものでもあったろうかと思われる。

こうして先生は、努力精進を重ねたが、どうしても浅利に勝つことができなかった。昼はひねもす諸人と試合をし、夜はよもすがら坐禅観法をこらしたが、一度眼を閉じ想いを浅利の上に馳せると、たちまち浅利の面影があたかも山のようにわが眼前に立ちはだかり、のしかかるように圧迫して、如何ともすることができない。

鉄舟先生は二十歳の頃から、願翁、星定等の諸禅師に参じていたが、最後に天竜の滴水禅師に参じた。はじめて滴水禅師に参じた際、先生は剣禅その揆、一なる所以を細かに論じたと、みずから手記に書いているが、そのときに滴水禅師は、

成るほど貴公のいわれるとおりである。けれども、わが禅の道から忌憚なくいうならば、貴公の現在の境涯はちょうど眼鏡をかけて物を見ているようなものである。眼鏡はもちろん物体を明らかに見ることを妨げないが、しかし、肉眼がしっかりしていれば、眼鏡を用いる必要はないはず

である。いや、眼鏡をかけるのは変則で、眼鏡のないのが自然である。貴公はいまやすでに眼鏡を捨て去るべき境涯に至っておられる。無用の眼鏡さえ捨てれば、忽ちお望みの極意を体得することができる。いわんや、貴公は剣禅兼ね至る人であるから、一旦豁然として大悟したなら、殺活自在、神通無礙の境に至るであろう。

こういって鉄舟先生を励まし、無字に徹することを望まれたという。浅利の幻影に悩まされたのは、それから十年近くを経た時だったが、先生はまだ無字が釈然とせず、奥歯に物の挾まったような調子で、いわゆる臍《ほぞ》おちがしなかったようである。

そこで、再び滴水禅師の室に入って、浅利の幻影に悩んでいることを訴えた。滴水禅師は軽く肯いて、五位兼中至の頌、すなわち、

両刃鋒を交えて避くることを須いず、好手還って火裏の蓮に同じ、宛然として自ら衝天の気あり。

というのを工夫してみるようにといわれた。先生はこの頌に興味を覚え、縦に嚙み、横に咬むこと実に三年の久しきに及んだ。

食事のときに箸を両手に持って両刃鋒を交えるの状をして考えたり、煙草を喫いながらもキセルを構えて工夫したり、あるときは夜中に飛び起きて夫人に木剣を持たせて立ち向かわせたりしたので、夫人は先生が狂ったのではないかと思って、滴水禅師に訴えたこともあったという。

その頃、たまたま豪商某（平沼専蔵氏だといわれているが、先生の手記には姓名を記さず、某としてある）が来て、自分の経歴を物語ったが、その談話中にすこぶる先生の工夫を助ける言葉があった。それは次のようなことであった。

自分が青年の頃、四、五百円ばかり金が出来たので商品を仕入れたところが、相場が下り気味だとの世評なので、その品を何とか早く売りたいと焦った。すると、友人がその焦りにつけ込んで安値に叩こうとした。自分はそのために心がドキドキして落ち付けなかった。従って本当の相場がどのくらいかもわからなくなって、非常に迷った。そこで、ままよどうともなれと放っておいたら、また商人が来て、元価の一割高で買いたいという。自分は強気になって、それをつっぱねると、ではもう五分高く買うという。その辺で売ればよかったものを、もう少し、もう少しと慾を出したら、結局二割以上の損をした。しかし、そのお蔭で商法の気合いを悟った。つまり、大商売をしようと思ったら、勝敗利損にビクビクしては駄目だということである。もうけようと思うと胸がドキドキするし、損をしてはと思うと身が縮まってくる。そんなことではとても大事業はできない。で、それからというもの、自分はまず心の明らかなときに前後の事を十分考えて決断をしておき、一たん仕事に手を着けたら決して是非に執着せず、ずんずんやることにした。そのため損得に拘らず、本当の商人になれたのである。

この話を聞いたとき、鉄舟先生は、この談話は「前の滴水の両刃交鋒不須避云々の語句と相対照し、余の剣道と交え考うる時は、其妙言うべからざるものあり、時に明治十三年三月二十五日なり」と、手記している。

まことに永年苦心の結果、ようやく機縁が熟したというべきだろうか。その翌日から先生はその平沼氏の言葉をそのままに剣の仕合の上に試みた。両刃鋒を交えるや、眼前に敵なく剣下に我れなく、乾坤を独歩するような衝天の意気をもって剣を使ってみた。

夜になると、坐禅三昧に入ってその理法を沈思精考しつくした。かくすることおよそ五日間であった。二十九日の夜、例の如く昼の道場における撃刺の状を回顧しつつ、専念呼吸を凝らしていると、いつしか寂然として天地無物の心境に入っていた。フト気がついて見ると、ホンの一瞬と思ったのに、既に夜は明けなんとしていた。

先生は坐ったままで、剣を構えて浅利に対して試合をする形をしてみた。すると不思議や、昨日まで髣髴として山のような重さでのしかかってきた浅利の幻影が現われてこない。

「さては無敵の極意を得ることができたのか」

と、湧き上がる心の歓喜をおさえて、門人の籠手田安定を呼んで試合をしてみた。安定は木刀を携えて先生の前に立ったが、ちょっと構えただけですぐに剣を捨て、

「先生！　御勘弁願います」

と叫んだ。

「なぜだ！」

「私は永年先生の御指導を受けて参りましたが、今日のようなことははじめての経験です。とても先生の前には立っては居られません」

そこで、先生は浅利義明を招いて試合せんことを請うと、浅利は喜んでこれに応じた。互いに一礼して相対するや、先生の気迫は実にすさまじく、さすがの浅利もその気鋒に当たり兼ね、「参った」と竹刀をおき、面を外すとともに容《かたち》を正して、

「貴下はすでに達しられた、到底前日の比ではなく、私も遠く及びません」

と言って、一刀斎のいわゆる無想剣の極意を伝えられた。これ実に明治十三年三月三十日のことである。

2

こうして「剣を学び心を労すること数十年」にして、ようやく一刀斎のいわゆる無想剣に契当し、そこではじめて一を無に落着させて無刀流を開いたのである。

無刀とは、心の外に刀なしと云事にして、三界唯一心也。内外本来無一物なるが故に、敵に対する時、前に敵なく、後に我なく、妙応無方朕迹を留めず、是余が無刀流と称する訳なり。

とは、「剣術の流名を無刀流と称する訳書」の冒頭に掲ぐるところである。この文章中に「三界唯一心」とあるのは、それに引き続いて「内外本来無一物」といい、あるいは後段に「其心はあとかたもなき者にして、活潑無尽蔵なり」とあるのに見ても明らかなように、実は絶対無的な主体を指したものので、だからこそ無刀と称したものであることは疑いない。

春風館道場の「誓願」と呼ばれた方法は、世間驚異の的であったが、それこそはまさしく「一刀」を「無刀」にまで昇華させ、あるいは掘り下げるための、大死一番の活手段であったとおもわれる。「誓願」とは「一死を誓って稽古を請願するの意」であって、その方法は三期に分かれていた（「全生庵記録抜萃」による）。

第一期は、誓願を申し出る者があると、まず翁から一場の垂誡があり、幹事がその者の姓名を道場に掲示する。その日から誓願者は満三年間、一日も怠りなく稽古をし、満期に当たって終日立切り二百面の試合をする。

第二期は、右の後さらに数年修行の功を積んだ上で、三日間立切り六百面の試合を行なう。これを無事に終えると「十二箇条目録」を授与される。

第三期は、さらに幾多の稽古を積んだ者が、七日間立切り千四百面の試合を行なうのである。これをなしとげたものは「目録皆伝」の許を受け、青垂の道具一組を授けられる。

鉄舟先生が誓願者に対して垂誡された要旨は「全生庵記録」に載っているので、いまそれを現代文に記してみる。

剣法というものは実地の場に臨んで死生を決断するところのものである。それを近頃では、遊戯か競技のように考えて、ただ小手先の業を比べる勝負に走って、実地の場に臨んだときのように、死力をつくす者がほとんど見られない。当道場ではこのような時弊を改めるために「数稽古」を行ない、各自、精神のあらん限りをつくして、実際の用に立てようと思う。

この稽古をする者は、はじめのうちはいつもの試合のように思っているようだが、数百面立切りの試合をやっているうちに、だんだんと本当の真剣勝負の気合いになってくる。これはひとえに、必死真剣の精神力の発露と見るべきである。それでこそ「実地の剣法」ということができる。そういう心で修行しなければ、たとい数十年修行したところで、それはササラ踊りであって、真剣の場の用に立つものではない。そういうわけであるから、このたび数百回の試合を行なって、人間の本当の働きを試してみることにした。各自、よろしく一命を投げ出して、発憤勉励して修行してもらいたい。

不肖私は二十四歳のとき、一週間立切り千四百面の試合をしたが、すこしも疲労とか衰弱とかを感じなかった。一体、剣法というものは、勝負を争うことはいうまでもないが、肝心かなめのところは、心を錬り鍛えることである。その理由如何となれば、心というものは元来無限絶対のものであるから、ここまでというような局限がない。従って、その「心」でもって相手に対し、その「心」を働かして技を行なうときは、たとい幾日試合をしても疲労したり、衰弱したりする道理はない。修行者はこの辺の道理をよくよく工夫して、大いに頑張ってもらいたい。

大体こんな垂示をしたということである。

立切り試合は、技術の進歩をはかるのが目的ではなく、むしろ身心を打失して至誠一片になるのが主眼とされている。一日中こちらは立切りで、入れ代わって立ち向かう新手を相手に数百回の試合をするのだから、しまいには体力の限界にきて、腕力や少々の技術では通じなくなってくる。そこをさらに撓《たゆ》まずに乗り越えて行くと、雑念妄想も消え失せ、心身を打失するところに至る。われわれはそこに至るまでに忘念と妥協するから、妙境に入ることができないのである。

接心などの場合でも、こんどこそこの肉身を放棄して断命根を行じようと、大決心で僧堂に入るが、さて二日たち、三日たちして心身疲労し、足が痛み肩が凝り、睡さが募ってくると、つい妥協して棒を折ってしまう。そんなとき自分の良心をいつわる大義名分は、「体を悪くしてはいけない」というようなことである。心身を打失する修行に臨んで、逆に心身をいたわるのだから、考えてみれば矛盾であるが、そこが人間の弱さというものであろう。しかし、この春風館の立切りのように、相手があればその妥協もできない。

鉄舟先生がこの法を案出されたのは、若い頃の経験によるものだといわれる。それは豊前中津藩の剣道師範中西家と、若州小浜藩の師範浅利家とは親戚の関係であるが、両家では春秋二回終日稽古をする慣わしであった。その日は朝五時から開始して夕刻四時頃までの間、両藩の剣士という剣士は、ほとんどみな出席して試合をしたという。その人数はつねに三、四百名を下らなかった。

出席の人々は、普通一ト試合を終わるごとに面を脱いで相互に礼をしたそうであるが、鉄舟先生だけは面をつけたままで、待つ間ももどかしく出席のほとんど全員を相手に稽古された。人々は恐れをなして「鬼鉄」と呼んだ。先生の面をつけたままで挨拶をする非礼も、特に「鬼鉄は剣術が飯よりも好きなんだから――」ということで黙認されていた。

この終日稽古はおそらく若き日の先生にとって忘れられないものであったろうと思う。それとともに、その効果の多かったことも経験されたであろう。これが後年、春風館の誓願立切りという方法を生んだのだといわれている。

のちに無刀流の第二祖をついだ香川善次郎氏の手記によってみると、立切りは大体午前六時ごろからはじめて、午後五時半頃までかかっているようである。以下、同氏の「覚書」を引用してみよう。

其後は日日、数稽古の事のみに心を込め居しに早や誓約の四月一日となれり。却説当日午前六時より開始する事とし、対手は十人にして立替り入代り、息のある限りに攻懸るなり。甲の労るれば乙懸り、乙の労るれば丙となり、即ち車輪の如く交代に攻懸るなり、初日は余も得意となり刺撃し或は組打等は最も激しく行たり。初に面を冠れば中間に面を脱するが如き事なく、自然と紐の解放する事あれば、傍観者来て直ちに結束し、決て寸暇も休する事を与へず攻懸る、随分困難の行なり。正午に至て昼飯をなし、暫時休息して亦以前の如くに始む。互攻の中に午後五時半頃となり、定数二百面を仕済しぬ。此時余は左程に苦労を感ぜず、斯れなれば七日間位は立切らるべしと思はれたり。春の日永に十一時間延べつに立切るは随分難儀にありしなり。適〻村上政忠と云人あり。始終傍観し居たり、此人は先生配下の人なり、余が寓所へ帰り休息中へ来て曰、本日の数試合は充分ならず、先生の不満とする処なり、明日は一層激励あるべしと嗾かける。余曰宜し明日は充分に奮発すべしと約したり。然るに亦対手へも右の如く励ましありしなり（此言は則ち先生より余等を試めさんが為なり）。

翌二日目も前日の如く午前六時より開始す。兼て前日村上の言ありし故、本日美事対手を閉口せしめんと劇しく逆攻をなし、打倒し且つ組伏せ寸隙なく攻れ共、彼は十名にて交代に息を休めて来る。此方は唯一の竹刀あるのみ、最初に面を冠りし儘なるが故に、汗を拭ふ間もあらせず攻るにより、追々喉に渇を覚るに至り（尤も湯水は禁物なり）、昼飯の時となり休止す。此時は食事を好まざる気味となり雞卵二三を呑食し、暫く休息をなし亦以前の如く行ひたり。余此時に至り身体に少しく疲労を感じ、朝来の如くに働く能はず、併し屈するにも非ずと間断なく立切り、日没に至て中止せられたり。既に身体苦痛を覚え、便所に行も足腰曲らず如何共すべからず、漸く痛を忍んで寓所に帰る。素より覚悟の事故気にも留めず、直ちに臥床に入る。翌日は如何して行んと窮したり。

三日目の朝も漸く徐に起ち、自ら励まして道場に出れば、対手は余の来るを遅しと待居る者の如くなり。余も亦何ぞ後れをとるべしと、匇々に身支度をなせり。対手は互に耳語し、余が身体の困苦を察し乗気となり、囂々援声の中に犇々と攻来る。斟酌遠慮のあることとなし。閉口させるが対手の目的なるが故に、当りの体は勿論の事なり、組打も亦頗る劇し、何条痛苦の身に堪ゆべきに非ず。然れども死誓を以て成せし故は、譬ひ絶息するも降参はせじと覚悟せり。此日は古弟子連中も（五本ヅツトナシ）交々懸りしなり。時、正午となり一同は昼食す。余は固より食す能はず、暫く休息して亦以前の如く始めたり。余は最早疲労も甚しく瓢乎々々然と相成、争ふべき勇気もなく唯応闘を勉むるのみとなり、目は暗み幾んど人事忘然とせり。所謂死は斯所なるかと思はれたり。

此時に平日意地悪き某己懸り来る。余は憤然思へらく、来れ今日は彼が髑髏を破砕せずんば止まずと、大に劇闘す。斯くなれば身体の苦痛も忘れ唯敵を倒すの一心となり、遂に我身を忘れて大上段に振翳し既に某の頭骸を打割らんとせしに、先生急に大声にて、善し善し止めよ止めよと制止されたり。余大に残念し如何なる義にて制止されたるか、其道理を知らず。命に従ひ休止せり。五時過るも未だ定数に充たず、猶不足の数を満たさんと痛所を忍んで立懸らんとせしに、先生曰、止むべし止むべしと云れたり。是非もなく中止す。

却説斯くなると、心の寛みし為か全身非常に苦痛を覚え如何ともする能はず。暫く休息をなし徐徐と寓所に帰る。弥〻前日の比にあらず、妻に援助されて漸く横臥せり。然れ共少しも睡眠する能はず、遂に夜を明かし最早四日目の朝は、身体の動揺にも殆んど窮し、妻に介抱されて漸く起つ事を得るも、素より食事は成す能はず。吾身も吾身ながら今日の難関は如何して切抜け得べきやと考へられたり。此苦難を打破するが則ち数試合の旨意ならんと、自ら励まし兎も角押て行んとすれば、生憎降雨なり、傘を指さんとするも、肩肱痛みて指す能はず、止むを得ず毛布を冠り雨を凌いで徐々道場に出れば、疾や先生独りあり、先生曰「ドウダドウダ」と。余は痛みに堪へざるも平然と色にも出さず「ヤリマス、ヤリマス」と答へたり。然る処先生曰く最《もう》やめやめと。余は素より先生の命ずる処に従ふのみ。斯所に於て立切の誓言も相立し者乎。併し深意にして解し得ざりしも、何んとなく苦痛の中に味はひありげに思はれたり。是れ春風館数仕合の始めなり。其後は同門中、立切せし者若干名出たり（但し此数仕合と云ふ事は唯刺撃の技のみを稽古するを以て足れりとするに非ず、大に故あるなり）。（香川善次郎手記『覚書』）

このように、このときの香川氏は四日目の朝、師の命によって中止したのであったが、これを一読すれば立切りがいかに苦しいものであるかが知られ、思わず慄然として肌さむき思いがする。

鉄舟翁自身はどうかというと、前にもいったように、二十四歳のとき、一週間立切り千四百面の試合をして「更に疲労衰弱を覚えず」といっている。驚くべき体力、気力である。いずれにしても、立切り者はその力を出しきってしまって、ついに心身を打失し、打成一片になり、おのずから無想剣を発得するに至るのである。

翁に「大工鉋《かんな》の秘術」という文章があって、この「誓願」などと思い合わせるとすこぶる興味があるので、少々長文ではあるが、こういうものはつねに座右において読んでいいものと思うから、ここに引用してみよう。

大工の鉋を遣《つか》ふには、あらしこ、中しこ、上しこの三つあり。其稽古をするに、先づあらしこを遣ふには、体を固め腹を張り腰をする〻、左右の手にひとしく力を入れて、荒けづりをする、つまり総身の力を込め骨を惜まず、十分に働かざれば荒けづりは出来ぬものぞ。次は中しこなり。中しこは、只だ総身の力を入れし計りにてはならず、自ら手の内に加減ありて平らかにけづり、凡そ仕上の小口となるなり。されど荒しこの精神なければ、此中しこの平らけきとなる事なし。それより上しこの場に至るには、中しこの平らけき上を又むらのなき様にけづるなり、それは一本の柱なれば、始より終り迄一鉋にてけづらねばならぬ。柱の始より終り迄一鉋にけづるには、心を修むるを第一とす。心修まらざれば種々のさはり出来てむらとなる。むらとなれば仕上にならず。ここが大工の心を遣ふ肝要のところなり。まづ心、体、業の三つが備らねばならぬぞ。心、体、業とは鉋と人と柱との三つなり。人がけづると思へば鉋がとゞこほる。鉋がけづると思へば柱がはなる丶。そこで心体業の三つが備ると云は、鉋と人と柱と一所に働くところ、是が手に入らねば、いつ迄大工鉋の稽古をしても、柱をけづることはならぬものぞ。柱をよくけづるには、初の荒しこをつかふ稽古が第一也。是をよく遣ひ得れば中しこ上しこも遣ふ事が出来る。されど上しこを遣ふに秘術あり。其秘術と云は別の事ではなし。心体業の三つを忘れて、只だすらすらと行く処にあり。(下略)

これは前章の『猫の妙術』などと思い合わせてみると、すこぶるおもしろい。いまいった立切りは、この荒しこに当たるであろう。荒しこの立切り数稽古を行なえば、その三日目か四日目には心身疲憊して「人事忘然」とするであろうが、そのとき、思わず自己を打失して心体業の三位一体の無想の場に至ることは必定である。もしこの基本訓練を欠けば、剣も小手先の技術に堕してしまい、完全な仕上げはとてもできないであろう。

3

世間では一般に剣道は自己を鍛える道だと考え、そういう意味で意志の鍛錬だとか、肉体の錬磨だとかに効能があると考えている。それもあながち悪くはないであろうし、たしかにそのような効果もあるだろうが、そういう調子で朝夕百錬万鍛してみたところで、それだけではササラ踊りという竹刀振りの熟練工にはなれても、達道の人にはとてもなれないと思う。

無刀流では、立切りの誓願という特別の場合以外でも、日常も相当きびしく「自己打失」の修行をやらせたらしく、同流の三祖である石川竜三氏の談話に、次のようなことが述べられている。

無刀流では大体三年の間、打込みをする建前ですが、三年でも五年でも打込みをします。殆んど打込み計りと申して宜しい位です。打込みと云ふのは今日申す掛り稽古と云ふのと同じ様なもので、立上れば面とか籠手とか見込みをつけて打込んでゆく、外されれば体当りを喰はす。突きに行って面を打つ。それから又体当りで打当るといふ様に、二、三本打っては直ぐ体当りで突飛ばして決して後へは退らないものです。そしてヘトヘトになるまで打込む。一寸息が疲れた位では決して許されない。足が立たない位ではマダマダで息のある間は許されない、足腰が全く効かず四ツン這ひになって息の切れた時、初めて終る。無刀流では酷い目に合せる程親切とされてゐるのです（村上康正氏『一刀正伝無刀流春風館記録集』傍点は筆者）。

これは、前章に直心影流の教えとして引用した「後来習態の容形を除」く——つまり生まれて以来知らず識らずについた有形無形のくせを除き、こびりついた自我を否定し尽くし、かつ心体業の三つを一つにとけこますための修行であるに違いない。道元禅師のいわゆる「身をも心をもはなちわすれて、仏のいへになげいれ」るところの実際の行なのである。

だから、石川氏はさらに語をついで、

勿論足の運びとか手の握りとか、或は伸せとか云ふ様に口で直したり教へたりすることは致しません。(同上)

といっている。

自我の破壊作業には、そういう建設的肯定的な手だては当然不必要なのである。ただ打込みで自我をたたきこわしてゆきさえすればいいのである。

ただ無我夢中で打込みを致します。然しながらただ一所懸命に打込むと申してもなかなか一心不乱になれないものです。ドンドン打込んでかかってゆく中にも雑念が起るものであります。(同上)

こういう修行を三年も五年も続けるということは、いうべくして容易にできるものではない。その「打込んでかかってゆく中にも」起こってしようのないのが雑念である。それを太刀の一振り一振りに截断また截断し、「四ツン這ひになって、息の切れ」るまでやり抜くと、おれがおれがという自我や、雑念の根がフッと切れて、直心影流にいわゆる「本来清明の恒体」を自覚することができる。剣も禅も悟るところは全く同じである。

わたくしのささやかな経験でも、百本稽古の誓願を立てて三日目には、腕は上へあがらず、声はかれはて気息も絶えんばかりになったが、それをも堪え忍んでやっていると、全く勝敗の念もなく、我敵の差別も頭に浮かばず、思わずスカッと天地を真二つにしたような素直な太刀が出たことがあった。先師山田次郎吉先生は、「それが無想剣というものだ」と評された。もちろん本当の無想剣ではあるまいけれど、無想剣というものは「自我」の体力あるいは心身の力から発するものではなく、自己の限界を乗り越えたところから発するものだということは、そのとき如実に悟ることができた。無想剣とは「仏のかたよりおこなわれて」くるものであって、決して「後来習態」の技ではない。

生まれて以来知らず識らずの間についた悪い癖や(良い癖でも同じである)、心身にこびりついて容易に抜けない「自我」というものを「個性」だなどと錯覚して、それを伸ばすのが個性を尊重することだと考えているのは、とんでもない間違いである。そんな「個性」を「四ツン這ひになって息の切れ」るまで叩きのめしたとき、思わずそこに仏光燦然《さんぜん》として本ものの個性が現われてくるのである。

剣も禅も、まず殺せ殺せで、絶対否定の関門から入らなければ本ものではない。

いわゆる臨済禅の始祖、臨済義玄禅師は身のたけ五尺といわれているが、その小さいからだに似合わず、かれの禅風は「衝天の意気を負い、格外の提持を用う」(人天眼目)と評されるように、鋭く劇しいもので、世に「臨済将軍」とうたわれるにふさわしいものであった。

その臨済のところへ、ある日、かれに帰依している河南府の知事、王敬初が訪れた。時あたかも接心の真ッ最中であったものか、禅堂の中には多勢の雲水がズラリと並んで坐禅をしていた。

敬初居士はしらばっくれて、臨済に尋ねたものである。

「あの坊さんたちは不断は何をしているのですか。お経の勉強でもしているのですか」

「なんの、お経など読みはせんよ」

「へェ、では専ら坐禅というわけですかナ」

「なんの坐禅などせんよ」

敬初居士もこの臨済のふてくされた返事には、いささかむくれたらしい。

「禅宗坊主でありながら、お経も勉強しなけりゃ、坐禅もしない。そんなべらぼうな話がありますか。じゃ、一体毎日何をしているんです」

こう、くってかかった。

このとき臨済すこしもさわがず、涼しい顔をして、

「かれらをみな仏さまにしてやろうと思っているのサ」

と答えてすましていた。

これは『臨済録』にある話であるが、いまの場合に当てはめてみて、なかなか含蓄のあるおもしろい問答だと思う。

仏さまのようになるには、本も読んだり、坐禅もしなければなるまいに、臨済がそれらを一切否定しているのは矛盾ではないだろうか。それとも、矛盾を百も承知の上で、臨済がふてくされて、でたらめをいったものであろうか。

臨済は馬上から三軍を叱咤する将軍のような威力の人であるとともに、その反面、東嶺禅師も指摘しているように、「穏密純真、真実諦当」の人でもある。自分に帰依する大居士に向かって、ふてくされや、でたらめをいうはずはない。また、そんな冗談やザレ言なら、弟子達がわざわざ後世まで語

録に残しておくわけがない。ともすれば、一体どういうことだろうか。

本を読んで知識を増したり、坐禅して定力を練ろうと考えるのは、そうすることによって向上したり、鍛えられたりする「自我」というもののあることを肯定しているからではないだろうか。ところが、そういう「自我」を肯定して鍛錬を重ねてゆくところには、実は禅はないのである。

いま臨済が、お経も読まず坐禅もしないといったのは、そういう行為を否定したというよりは、むしろそういう行為をするところの自我を否定したものと解すべきではないだろうか。

そのような行為の主体としての「自我」を徹底的に否定し尽くしたところに、絶対に他なるものとしての「仏」が現れてくる。しかも、その絶対に他なるものとしての仏こそ、実はもっとも深く、もっとも親しい本当の自分であることを、身をもって体験するのが禅である。臨済と王知事の問答は、そのことを端的に示したものとおもわれる。随分各方面に引用された言葉であるが、道元禅師が「ただわが身をも心をもはなちわすれて、仏のかたより行はれてこれに従ひもてゆくとき、ちからをもいれず、こころをもつひやさずして、生死をはなれ仏となる」（正法眼蔵・生死）と語られたものなどと照らし合わせてみると、その辺の消息が非常にハッキリすると思う。

読書をする「おれ」、坐禅をする「われ」、というような自我が否定されるとき、われわれは逆に仏という根源的ないのちにおいて「最も完全に、自己」を生きることができるわけである。生死を越えるという禅的な生き方はそういうところにある、これは近代的な自我主義に培われた頭では、ちょっと理解しにくいところかもしれない。しかし、自我を直接的に肯定して、それを積んでみたり、崩してみたり、あるいは練ってみたり、伸ばしてみたりしたところで、しょせんそれだけのものである。

絶対否定という祖師の関門を通らないと、どうしても禅も剣もものにならないのである。

パデレフスキーというピアニストは自分の努力の一生を要約して、

「わたくしは主人《マスター》となるまでは奴隷であった」

といったということであるが、まことに名言だと思う。

おれが、おれがという連中は勿論のこと、例の個性伸張論者でも、「後来習態の容形」に追い回されている間は、たしかに奴隷である。「自我」をジカに肯定するものは、かえって主体的に自己に生きることができずに奴隷の生涯を送り、「自我」を否定し尽くしたものこそ、逆に自己の根源に帰り、本当の自己が肯定されて絶対的主体に生き、マスターとなることができる、これを生の弁証法的構造とでもいうべきだろうか。

臨済のように、本を読む自己を殺し、坐禅をする自分を否定する禅、鉄舟のように、足の運びも手の握りも教えず、四ツン這いにして息を切らせる剣、こういうものはおそらく現在の青年諸君からは歓迎されないと思うが――いや、歓迎どころか、封建的だとか、前世紀的だとか、手ひどい反響を受けることと必定であろうが、しかし、そのような体験に基礎づけられない人生こそ、たとい憲法にどのように規定されていようとも、パデレフスキーのいわゆる「あわれむべき奴隷」的なものであることを、余計なことだが、民主社会の主権者として、絶対不可侵の基本的人権をお持ちの方々に訴えておこう。

4

鉄舟翁は、はじめ願翁に参じて以来無字を看ること十二年、箱根入湯の際これを徹証されたが、最後に滴水の許で、「両刃鋒を交えて避くることを須いず、好手還って火裏の蓮に同じ、宛然として自《おのずか》ら衝天の気あり」という、五位兼中至の頌を工夫すること三年にして桶底を脱した。それと同時に、これまでは剣を構えると眼の前に山のごとくに迫ってきた、剣師浅利又七郎の幻影も見えなくなった。これらの事実は、翁自身がつぶさに記された文章によって前に述べた通りである。

翁はこの事あってから、自分の流名を一刀正伝無刀流とされた。このことについては私はこれまで一刀流の正しい伝統をついだ無刀流という意味だろうと考えていたが、あるとき小野十生範士から、一刀正伝の「正伝」は「伝を正す」の意だと聞かされて、今さらのように鉄舟翁の偉大さに驚いたのである。それを具体的にいうと、たとえば一刀流の組太刀はほとんどといってよいほど切り落としか摺り上げの技であるが、それを鉄舟翁は、わずかに両手首をしぼるだけで、相手の心の動きを抑え、機先を制する型に改められたということである。その微妙にして天地の差を生ずるところに、正伝の正伝たる所以があるといえる。しかし、古来から伝承した一刀流の奥儀の太刀は、一点一画も改めず古法のままに残された。したがって、無刀流の太刀は一刀流そのままである。その極意とされる太刀は「正五典」という。妙剣、絶妙剣、真剣、金翅鳥王剣、独妙剣の五本の組太刀がそれである。この正五典は、いつの頃からか知らないが――筆者の考えでは鉄舟翁からではないかと思うが――禅の五位に照応するものと解されている。

わたくしはこの正五典が見たくて、神戸まで行き、いまはなき寺本武治先生にお願いして見せていただいたことがある。五本の中の前の三本は忘れたが、あと二本はいまでも目を閉じると、眼前にほうふつと浮かんでくる。

金翅鳥王剣は、兼中至に当たるわけだが、これは両刃鋒を交えて避くるを須いず、宛然として自ら衝天の気ありという猛烈な気魄で、太刀を大上段に振りかぶって敵に迫り、相手の太刀を打ち落とし、一撃すると見るや再び大上段に冠ってサッと引き上げる。まさしく金翅鳥王が海竜をほふり…両刃鋒を交えて避くるをもちいざる状が見える。

もっとも感激に堪えないのは独妙剣、すなわち兼中到の一位である。大刀を星眼に構えて、ジッと立っているところへ、敵がスッと出て来て面上を一撃するが、心も身も微動もしない。敵刀は当たらずそのままわが前に落ち、敵は尾を巻いて去る。その退いてゆく敵に追い討ちをかけるでもなく、追ってゆくでもない。依然として星眼のままジッと立っているだけである。これこそ正偏を絶して「有無に落ちず」「折合して炭裏に帰し」た閑古錐の姿であろう。

たしかにその独妙剣に至っては、剣禅一如というも当たらない。それは既に剣にして剣にあらず、禅であって禅ではない。剣禅を絶した至境というのほかはない。この至境をわがものにした剣者は、「剣聖」と呼んでも決して過当ではないと思う。

ある老居士が鉄舟翁に『臨済録』の提唱を請うたとき、翁は洪川和尚に聞けと言われたが、老居士が「ぜひ先生のを」とたって請うので、翁は「ではやりましょう」と、老居士を誘って道場に入った。そこで、門人と撃剣一場して室に帰り、「私の臨済録の提唱はいかがでした」と問われたが。その居士は呆然無言であった。翁は声を励まして「足下は多年禅をやっておられると聞くが、臨済録を書物だと思っていては困りますね」といわれたという。剣にも如上の魯の如く、愚の如き無刀の至境があることを忘れ、たたき合い、勝ち敗けの競技か、スポーツだと思っていてはまことに困ったものである。

先生は剣道の目的について、次のように述べている。

故に余の剣法を学ぶは、偏《ひとえ》に心胆錬磨の術を積み、心を明め以て己れまた天地と同根一体の理、果して釈然たるの境に到達せんとするにあるのみ。

つまり、自分の本心を明らめて、天地と同根一体の理をハッキリと体得するために、剣を学ぶのだというのである。

このような見解は世に「理兵法」といって、往々武道学者の論ずるところで、必ずしも珍しいものではない。しかし鉄舟先生の場合は口先で論じたのではなく、わずか二十三歳の若年の頃にかく発心し、爾来それに向かって百錬万鍛したのだから尊いのである。後年（明治十三年、先生四十五歳）無想の場を大悟して無刀流を開かれたときの手記には、「余の剣法や、只管その技をこれ重んずるにあらざるなり、その心理の極致に悟入せんと欲するにあるのみ。換言すれば天道の発源を極め、併せてその用法を弁ぜんことを願ふにあり、なほ切言すれば、見性悟道なるのみ」と、ハッキリ断定している。

二十三歳にして天地と同根一体の理を釈然とすることを剣の目的として規定した先生は、爾来二十有余年の年月の間、霜雪の辛苦を重ねた末、天地の大道の発現しきたる根源をきわめ、かつその用法（はたらき）を剣の上に体現しようとされたわけである。その結論として切言すれば「見性悟道なるのみ」と一言に約されたのである。

徳川中期の道学者の書いた武道書を読むと、このような「理兵法」は数多く見られるが、海舟翁をして「剣術は天下一」といわしめたほどの達人が、みずから手記したものは、おそらく類がないであろう。そのように天地と同根一体の自己本来の面目を観破して、それが単なる「理」に落ちず、如実に剣技の上にその「用法」を現わすのが先生の剣道で、先生はそれを無刀流と号されたのである。

「無刀とは、心の外に刀なしといふ事にて、三界唯一心なり」とは、先生が無刀流を説明された言葉である。あるいはまた、「活潑自在にして物に滞らず、坐せんと要せば便ち坐し、行かんと要せば便ち行く、語黙動静、一々真源ならざるはなし。心刀の利用亦快ならずや」ともいわれている。

太極は無極に帰するように、一刀流の一はこれを究め来たり究め去るとき、必然的に無に帰さなければならない。そして万刀の一に帰したその根源的一刀はかならず無刀でなければならない。古来の無刀取りとか無刀法は、所詮術技の域を何歩も出るものではない。鉄舟先生の無刀はそのようなものとは雲泥のちがいで、無形無相の心刀のことである。

無刀流の技法は「我体をすべて敵に任せ、敵の好むところに来るに随ひ勝つ」ところの、「勝負を争はず」「自然の勝を得る」ものだといわれる。しかし、敵の好むところに随って自然の勝を得るという、それだけの技法なら、天下にこれを得た者はいくらでもいる。現在でも十指を屈して余るほどもいるであろう。いかんせん、天地同根一体の理を体究錬磨し、語黙動静一々真源ならざるなき底が、暁天の星よりも少ないのである。それはなぜであろうか。

むかし青年時代に、小田得水先生からこういう話を聞いたことがある。南隠老師が浅草の江川の玉乗りを見物されたとき、「ああ惜しいものだ、あれで工夫さえすれば一機転撥して、立派な悟道を得られるのになあ、ああ惜しいものだ」こうつぶやかれ、帰ってからも他にその話をされたそうである。

剣道の大家は剣を執って道場に立っている間は、わが身を忘れ寂然無物の境にいると思う。だから、境涯も練れて相当高い心境を得ている人も多いのである。けれども、鉄舟先生のように「語黙動静、一々真源」の境を得られないのは江川の玉乗りと同じで、その一事についての三昧を得ているだけで、その根源についての省察と把握が足りないからである。したがって、足一歩道場を出ると、トタンに有物の迷境に立ち戻ってしまうのである。相当の大家でありながら、終生二元相対の境を脱しきれず、つねに胸中を優劣勝敗の念が去来しているのは、そのためではないか。頭山満翁は『幕末三舟伝』中に、猫と鼠と一緒になって遊び戯れるような境地がなければならない、という意味のことをいわれていたと記憶するが、武道家には得てしてそうなれずに、一生鼠を追っている猫のような人が多いようである。

それは畢竟「事三昧」は得ているが、「王三昧」を得ていないためである。玉乗り娘が玉に乗り、綱を渡るときは古禅僧にも劣らぬ三昧境を示すが、一たび綱を降り、玉を乗りすてて楽屋にかえれば、その三昧はどこへやら。道場を出たあとの剣客もそれと同じで、玉乗り娘を笑えたものではあるまい。もし三昧王三昧で正念不断相続の工夫が出来れば、鉄舟先生のいわれるように、

「此法は単に剣法の極意のみならず、人間処世の万事、一つも此規定を失すべからず、その呼吸を得て以て軍陣に臨み、これを得て以て大政に参与し、これを得て以て外交に当たり、これを得て以て教育宗教に施し、これを得て以て商工耕作に従事せば、往くとして善からざるは」ないはずである。

なぜならば「余がいはゆる剣法の真理は、万物大極の理を究むる」ものだからである。

鉄舟先生の剣はここに至って究竟し、いわゆる痴聖の境に入ったのである。昔寸余の欅板をも突き破った激しい刀法はその影をひそめ、かの『猫の妙術』の古猫のようにのろのろとして、しかも相対すれば相手は全く敵対の念を喪失してしまうような、文字通りの神武不殺ともいうべき境涯に遊ぶようになったのである。まだ我・敵相対の念もなくならないような手先の芸だけの未熟な剣客が、先生の剣境をかれこれと評するがごときは、盲のかきのぞきというもので、われを知らざるものである。先生の剣が慈悲の剣であるというのは、ただ単に生涯一度も人を切らなかったというようなことではない。

前に「無住心剣」の項で、鉄舟先生が人の問いに答えて、剣の極意を「施無畏」だといったことを述べたが、無畏すなわち不安や恐怖から人々を解放し、絶対の安心感を与える施無畏の剣に至って、無刀の道は極まれりというべきであろう。

注・「一刀正伝」についてその後調べたところによると、明治十三年三月、大悟したのちは、ただ「無刀流」と称していたが、明治十八年三月、伊藤一刀斎九世の的伝者、小野業雄から一刀斎正伝の秘奥を受けたので、それ以来「一刀正伝無刀流」というようになった。鉄舟が小野業雄に初めて会ったのは明治十七年であるから、一刀流の「伝を正す」べく努力したのはその頃までのことであり、十八年以後は、一刀斎の「正しい伝」を継承した無刀流と解するのが正しいと思う。

十一　君子の剣——静斎・見山・海舟と、直心から人への系譜

1

柳生の新陰流でも武蔵の二天一流でも、その極致には無刀の教えがあるが、しかし山岡鉄舟が、森羅万象は太極の一理に帰し、その太極もついに無極に帰するという真理のままに、万刀の帰一した一刀を無刀に帰せしめたということは、何といっても偉大なものである。日本剣道は無刀流に至って大成したといっていい。

剣の道はいつもいうように、生きるか死ぬか、食うか食われるかの、ギリギリの場である。その血なまぐさい殺し合いの術が、そのままに人間完成の道になるとすれば、これは人類の文化史上における大変な出来事である。いや、本当は殺し合いの術であればこそ、かえって生死無常のうちに生死を越えた絶対者を見出しやすいのかも知れない。剣を使う主体をそのような絶対者において見出したとき、ここに殺し合いの術は剣の道となる。同時に剣の道はすなわち人間の道、あるいは人間完成の道と見なされるようにもなってくる。

高木健夫氏の『二十四人の剣客』は、多くの意外な人々から読まれた本であるが、その著者は同書のまえがきで次のように述べている。「思うに戦争手段として原子力も剣道と相似たものであるが、

ただちがっているところは、原子力がまだ剣道の〝道〟、つまり〝原子道〟を確立していないというところにあるかもしれない」と。たしかにその通りだと思う。

原子力が破壊に用いられるか、それとも建設に使われるかは、原子力それ自体の責任ではない。それはちょうど、刀が殺人刀として使われるか、活人剣として役立つかが、その使い手によるのと同じく、これを用いる主体の如何にかかわる問題である。

針谷夕雲が真剣勝敗を五十数回もやってみな勝ったが、たとい勝ってもそんなものはらちもない畜生兵法だといったのも、武蔵が過去六十余度の試合を回顧して、自分の兵法が至極して勝ったのではないと告白しているのも、その間の消息を物語るものである。敵と我、戦争と平和というような、二元的、相対的立場を通りぬけたところに開かれた地平——夕雲のいわゆる無住心、武蔵の万理一空の世界に躍り出さなければ、殺人刀は活人剣にはならないのである。人殺し術が人間の道にはならないのである。古来、名人上手といわれた剣者はことごとくそこに到達し、多少にかかわらずその間の消息を体験していたと思う。

たとえば慶長のころに、二階堂流というのがあって、一文字、八文字、十文字の太刀を奥儀としていたが、それは一八十を総括して「平の字の極意」すなわち、和平をもって極致としたのであったごとき、あるいは備前の山内蓮真（延宝元年歿）や、黒田家の安倍頼任（寛永頃の人）などが、剣によって人道を悟ったというのでみずからの流名を「剣道」と名づけたなど、そういう例を挙げればかぎりがない。その中でも「至極の向上」に達した達人として、白井亨は、針谷夕雲、小出切一雲、金子夢幻、山内蓮心（日本武道史には蓮真）の四人を挙げている。先師山田一徳斎先生は、その四人に寺田宗有を加えた五人をもって「名人として称揚せられる人々」として、これを肯定している。

しかし「またひるがへって考へて見れば、列記の人々は皆禅法に参じ、大悟の上、剣法と同化して妙を得たまでに止まり、これを世用にほどこすの意義に乏しかった、故にこれらは剣仙とでもいふべきで、後進を誘導し、人生を善化し、一般人間に与ふべき慈悲心を欠いてある。すなはち自らの徳性は養ったかも知れないが、仁愛惻隠の情に冷やかで、社会といふ上より見ればむしろ無用の道具たるに過ぎない」と、『日本剣道史』の通論で深刻な論評を加えている。これは宗教上のいわゆる智、非の問題に当たるもので、事はまことに重大だと思う。わが白隠老漢も「機、位を離れざれば毒海に堕在す」といって、お悟りの真ッ只中にドン坐り、自分一個だけの救済や解説に安住して、菩薩の威儀、仏国土の因縁といわれる衆生済度の道をわきまえない者をしかっている。「死水裏の禅」「棺木裏の守屍鬼」と白隠が痛烈にののしるものは、実にそのような智あって悲なき二乗小果の羅漢の徒である。ある人が、趙州和尚に「お釈迦さんのような人にも煩悩があるだろうか」と聞いたとき、趙州は「あるさ。限りない衆生を済度したいというのが釈尊の煩悩だ」と答えたというが、剣またこの大慈悲を欠くならば、正しくても剣仙、間違えば机竜之助のような邪剣になるほかはないであろう。

山田先生は、そのような見地に立って「幕府衰滅に際し百事を処理して遺憾なからしめ、江戸の地の焦土たるを免れしめしのみならず、其殷富をして今日あらしめた」ところの勝海舟翁こそ、「剣道の善用、極に達」したもので、「所詮引例には過て居る」として口をきわめて推賞している。それにはもちろん鉄舟先生の必死捨身の蔭の働きがあってのことではあるが、まことに海舟・南洲両翁の江戸百万の市民を救うための手合せこそは、大なる兵法、無刀の道の典型的大仕合といっていいだろう。

かつて柳生但馬が徳川の帷幕にあって、戦国生き残りの荒武者どもを、片手に剣をもって取りひしぎ、片手に禅をもって道を説き、三百年和平の礎石を建てるに功を致して大名に列せられたが、海舟・鉄舟・南洲の鴻業はさらにそれ以上のもので、対比を絶している。もしも現在の米・ソ両陣営の指導者がそのような剣の達人であったならば、あたかも海舟と南洲とのように、夕雲のいわゆる「相ぬけ」の立合いをして、殺人刀的原子力を活人剣的生産力として見事に転用し、原子道を確立して新たな原子力文明を創り出すことができるのだが、両者の手の内、はたしてどうであろうか。

2

海舟は、古今の名人とうたわれた直心影流正統十三世、静斎、男谷精一郎信友の従兄弟に当たるが、剣は静斎の弟子島田虎之助直親に学んだので、海舟の剣歴を語るには、この二人を逸するわけにはいかない。

男谷静斎は「剣客として古今罕覯（まれにみる）の技倆があったのみならず、頗る明晳な頭脳の所有者であった」（日本剣道史）といわれている。剣を団野真帆斎に学び、兵学を子竜、平山行蔵に学んだ。それほどの達人に似合わず、体格はどちらかというと小さいほうで、小肥りの温厚柔和の人だと『日本剣道史』に書かれている。

直木三十五氏はこの人を非常に推賞し、日本一強い剣客は男谷だ、といってはばからなかった。事実、男谷には有名な道場破り、柳川の大石進や、久留米の加藤平八郎なども手も足も出なかった。かれらは千葉や桃井の道場を破った余勢をかって男谷の道場に現われたが、男谷は使いなれた三尺八寸の太い竹刀を上段に冠って、いとも簡単にあしらったので、心から頭を下げ、それからのちには同藩の者で剣を学ぶものに対しては「男谷に行け」と推薦するようになった。千葉周作もその頃無敵の達人といわれていたが、男谷にはかなわず、一両度試合して推服している。男谷が千葉を評して「あれだけ使うには、随分粉骨して修行したのだろう」といったという有名な話も残っている。

男谷は「克己」の二字を座右の銘とし、一生の間に、妻や下女を大きな声を出して叱ったことがなかった。毎朝、早く起きて座敷を自分で掃除し、晴天なら射を試み、雨になれば読書して朝食を待つのを例とした。かれはまた孔明と楠公とを万世不朽の人傑として尊敬し、つねに子弟を戒めて「自分は両公の英智を慕うのでなく、誠忠を尊むのだ。忠孝信義は人としての大道である。他のことは及ばんでも、これだけは古聖にも譲らぬ覚悟がなくてはならぬ」と語ったという。

元治元年（一八六四）七月十六日、六十七歳で死んだが、臨終に詩と、和歌一首を詠じて残している。

堪レ笑六十七年夢。　戯楽一場非歎空。
安命何憂生亦死。　喬松明月有二清風一。

また歌には、

うけえたる心のかがみ影きよくけふ大空にかへるうれしさ

とある。

島田虎之助は見山と号し、豊前中津の藩士で、幼少の頃からすこぶる勝気で乱暴だった。はじめ一刀流を学んだが、のちに郷里の寺にこもって自習自得の功を積み、二十歳のとき郷里を去って京阪の地を巡遊し、天保九年、江戸に入った。江戸にきてからも諸方の道場を片ッ端から荒して回った。もちろん本所亀沢町の男谷道場も訪れた。けれども、男谷は例の穏健で覇気を表面に出さない性質だから、適当にあしらったらしく、見山は心中に男谷をあなどって去った。

ところがのちに、下谷車坂の井上伝兵衛の道場を訪れたとき、見山いかに剛なりともしょせんは田舎剣術である。直心影流藤川派の迦葉といわれた井上にどうして勝てようか、たちまち打ち込まれて、これまでの天狗の鼻をへしおられてしまった。そこではじめて昨日までの非を悟った見山は、膝を屈してどうか門下の一人として指導してもらいたいと切に懇請した。井上は笑って、

「この広い江戸にわしくらいのものは箕《み》ですくうほどある。それより君の太刀筋から察するに、名師を選んで教えを受けたら、きっと天下に名をなす剣客になるだろう」

こういうと、見山は、

「いやいや、自分はこれまで諸方を歴訪しましたが、先生ほどの名手には出会いませんでした。是非とも門下に……」

そこで、井上が男谷を訪ねたかと聞くと、あれは問題になりませんという。

井上は再び微笑をふくんで、

「それは君の力量が足りないから、相手の真価がわからないのだ、君の師たる人は男谷先生のほかにはない……」

と、紹介の労をとることになった。見山も心機を一転し、それではと、再び男谷の門をたたいてみる気になった。そして竹刀を手にして立ち向かってみると、こはいかに、前にはやすやすと打ちを入れ

られると高をくくっていた男谷が、ジリジリと詰め寄る気合いのするどさ、剣先からほとばしり出る光は眼を射るようで、さすが強情我慢の見山も次第に手足がすくみ、自分の体が背後の羽目板に吸いとられるような気がして、いたずらに油のような汗がにじみ出るばかりである。ついにわれにもあらず、ほとんど無意識でその場に平伏してしまった。

こうして男谷の門に入り数年の研鑽をつんだ上、さらに三年の諸国巡歴をおえて江戸に帰った見山は、もはや昔日の見山ではなかった。斎藤拙堂、亀井昭陽、僧仙厓など、旅先で得た知己に称揚されるような立派な文武兼備の士となっていた。

見山は鼻たかく、眼はくぼみ、顴骨たかく、一見悽愴の気に満ちていたが、性、剛直ですこぶる義気に富んだ人であった。男谷静斎がかれの碑に「性激烈、胆力衆にまさる」と誌したように、あるいは「初め猛暴、好んで人を陵轢《りょうれき》す」と、その伝にあるように、非常に激しく、そのためにともすれば人と争ったその性格も、男谷の門に入ってから「節を折りて書を読み、痛く自ら貶損《へんそん》」し、あるいは前記のような名士と交わるようになったりして自己を磨いた結果、後年は「願くは世の剣客をして孔門の書を熟読させ、その心理を剣道に寓するようにさせれば、ほかには何の教法も修業もあったものではない」と、いうようになっていた。

『日本剣道史』によれば、見山はつねに次のように説いていたという。

世間の伝書などといふものは、大方は弟子を瞞《だま》す銭取《ぜにとり》手段に出来たもので、中古、禅語などを交へてごまかし、人をおどしたにすぎない。また、剣の要は人を撃つにあるのではない。一点の勝心もなく、静かなること山の如く、疾きこと電の如く、物と争はず、相手の精神を奪って我が剣上におけば、敵は自然に畏縮して自由に撃つことができる。それなのに精力を勝敗などの争闘の間において、利不利を念とするやうでは、到底本当の術を体得することはできない。されば剣道には君子の剣と小人の剣とがある。

こういってかれは儒剣一致の「君子の剣」を唱道したが、惜しいかな、嘉永五年（一八五二）、僅か三十九歳で疫病で死去してしまった。男谷はかれの死を惜しんで、「余、哀嘆、ほとんど一臂を失うが如し」と、その碑文に書いている。見山に期待するところが、いかに大きかったかは、その文によっても知られよう。男谷静斎、島田見山の剣はこのように「君子の剣」であった。

腕力、体力の剣がやがて精神的なものに裏付けられ、されにそれが次章に述べるように神谷伝心斎によって、ハッキリと自覚的に「直心」として打ち出された。しかし直心もなお抽象的たることを免れないであろう。禅のほうで、六祖慧能の見と、荷沢神会の知と、馬祖道一の用とが、臨済に至って端的に具体的に人として打ち出されたという展開は、剣道にも直心から君子への具体化において見られるのである。この直心影流の発展は、わたくしは一刀流の一から無への掘り下げとともに、剣道史上の二大偉観だと思う。

存在の根源ふかいところに無を見、かつその無を日常具体の働きの上に見る禅の立場は、期せずして剣の道においても真理として覚証されたのである。存在の真の姿を無において見、無の具体的な姿を存在において見る剣の道は、その究極するところを、各々のおかれた歴史的な環境や性格から、一方では「無力」として表現し、他方では「君子」として打ち出したとはいえ、剣道を人道として押しつめてきた当然の帰結がそれなのではないだろうか。これまでの剣道史には、こういう点の究明が欠けていはしないかと思う。

さて勝海舟は、左衛門太郎と称し夢酔と号する大変な変り者の長子として生まれたのだが、その父が剣の達人だったから、彼が早く剣に長じ得たのは、あるいは天賦というべきかも知れない。それにしても師にも恵まれていたということも明らかである。幼にして父に学び、次いで男谷静斎に学び、さらに静斎のすすめで見山の門に入ったのだから、はじめから「君子の剣」の系譜の人たるべき、ふかい因縁が備わっていたわけである。

島田見山は儒剣一致論者ではあるが、自分の剣に不足を感じていたころ禅に参じ、悟道を得てその剣境も定まったと伝えられている。弟子の海舟には禅をやらせているところをみると、あるいはそうかとも思われる。海舟自身の言葉によると、「剣術の奥意を極めるには、まず禅学をおやりなさい。これが一番早道だ」とすすめたのがほかならぬ島田見山であった。そこで牛島の広徳寺に行って坐禅をしたのである。四、五年の間は、捨身で坐ったという。

海舟は「本当に修業したのは剣術ばかりだ」といったり、また「坐禅と剣術とがおれの土台となって後年たいそうためになった。瓦解の時分（注・徳川幕府の瓦解、つまり明治維新の際）、万死の境を出入して、ついに一生を全うしたのは全くこの二つの功であった」などともいっているが、事実その通り、剣禅の二道は本当に真剣にやったものと思われる。

海舟自身は、それについて次のように語っている。

かつて島田虎之助が己《おれ》にいうように、当時、世間でやっている剣術は、多くは其の形式のみで、あれは決して真の剣術ではありません。御身は剣術をおやりなさるならば、折角のこと本当の剣術をおやりなさいといわれた。やる以上は、本当の、虚偽《うそ》のということはあるまいが、此処が肝要な所だよ。

己れは子供ながら成程と合点して、それから島田の武場に入塾を願い込んで、爾後寒暑を辞せず、自ら薪水の労を取って、専心一意、修業に心を注いだ。殊に厳寒の節は、島田の誨《おしえ》に従って、日中稽古をすまして、夕陽になると、只だ稽古着一つとなって、夜稽古のために、王子権現へと出掛けるのだ。夜二更（十時）の頃同地に着して、拝殿の裏手なる土台石に腰かけて瞑目静考、無我無心となって、心胆を練り、呼吸を凝らし、やや経てのち夢醒むるが如く、目を開き、携え来たるところの木剣を手に採《と》り、直《す》ぐに立ち上って、素振りをなすこと大凡数百回にして、再び元の土台に腰をかけ、更に呼吸を凝らすこと少時、ふッとまた立ち上がって例の素振りをなし、やめては土台石に腰をかけ、立っては木剣を振う。かくすること其幾度か遂に払暁に至るのだ。夜が明くれば島田の塾に帰り来たって、一所懸命に稽古をなし、またも夕飯後は王子権現へと出掛ける。

斯くの如くにして、一夜たりとも休んだ事はなかった。

しかし己《お》れだって同じ人間だから、其間に妙な観念もあったよ。初めて自分一人で彼の朔風《さくふう》凛々として肌を刺すが如きの深夜、陰欝として万木茂れる社辺に至ると、何となく勇気沮喪《そそう》し来たって、風声木枝を払い去るの音は、易《い》と物すごく感ぜられ、覚えず毛髪はよだち、肌は粟を蒔《ま》きしが如く、神心怯し来たりしことも折々感ぜられたよ。けれどもこんな事では迚も駄目だと覚悟して、只管修業を積み、心胆を練磨している内に、妙なものでこの万樹欝茂、四面寂寥として、さわさわ吹き来たる寒風は樹林を掠《かす》め、物騒がしき音を聞くにつけても、何となく得もいわれぬ一種の妙味の趣を添えるように感ぜられて来た。

このように少年の頃から刻苦精励したおかげで、海舟はついに「君子の剣」を体得して直心影流の印可を受けたのである。かれはしばしば刺客や乱暴者におびやかされたにもかかわらず、「いつでも、こちらは抜いたことはない。始終手取りにしたよ」といっている。鉄舟と同じように斬り合いをせず、無刀の道、君子の剣の気合いと道力とでこれを屈したものであろう。その点よほど自信をもっていたとみえて「剣術でも技には限りがあるから、その上は心法だ、至誠を明らかにせねばならぬ」「だが、先生方がその真似をしたら、直に斬られてしまうよ」とも語っている。

そのように個人的な危難に会い、幾度となく生命の危険にさらされながらも、国家的な難局を綽々として切り抜けることができたのは、一に剣と禅とのたまものであったと、自らなんべんも述懐している。

剣の道が小にして一身、大にして天下を護るものである以上、勝を求めるのはあたりまえである。しかるに相手もこちらと同じ人間であるからは、同じようなことを考える。そこでお互いに相手の隙をねらうことになる。碁をやる場合、両者が同じ順路で互いに打って行けば、先手がかならず勝つわけである。剣もそれと同じで、先を取って攻めればかならず勝つ道理だが、碁のようにきまった先後の順がないから、そうはいかぬ。ここで常識推理の術は行止まりになる。「然るに此境地を踏み破って常識外に躍り出すと、所謂摩訶般若といふ大智識が沸て来て意行自在を得る。是で敵に勝つことも自由である。是で仁義道徳が学ばずしても了解せらるる」「余が道を得るに剣をいふのもここにある」

とは、山田一徳斎先生の言である。剣術が人間の道となる必然性はまずここにある。

また、この道は三尺の剣をへだてて敵と相対する技である。このわれに非ざる三尺の剣を、われ自身の手のように自在に駆使するためには、己れを絶対の無にして完全に三尺の得物の中に没入し去り、その性に従ってこれを運用しなければならない。つまりわれを否定しなければ、剣を己れの欲するようには使えない。この自己否定の修練が、剣者をしておのずから絶対主体に対面する機会をつかませ、道に入らせるわけである。さらに呼吸を練ることもその重要な契機である。剣の修練をしたものは戦場に出てイキが続くという事実に気づいたのは、随分早い頃の話である。それ以来剣者は呼吸に特別の工夫を用いて、その調整をはかった。荘子は「真人は息するに踵をもってする」といったが、そのことは逆にいえば踵をもって息するほどに呼吸の深いものは真人でなければならない道理でもある。つまり、深く正しい呼吸をすれば自然に姿勢が正しくなり、姿勢が正しくなればそれに伴って心も正しくなるわけである。呼吸を長養する剣者が、道に入り人間として完成されるのは、この意味で不思議でも何でもない。腰をのばして姿勢を正し、丹田呼吸をすることは、人間が人格を完成する基本的な条件であることは、これをやったもののひとしく認めるところである。

このような剣は、あたかも三尺の得物をもってする禅だといえる。剣道即人間道ということは、そう考えればむしろ当然で、これを殺人の術と思っているほうが浅見である。大正六年、八十余歳で台湾で客死した男谷門下の信太歌之介（旧名、青柳熊吉）という剣者は、「自分はやむを得ぬ事情とはいえ、幕末維新の際に多くの人を殺傷したために、上手にはなったが、名人にはなれなかった」と、それのみをつねに悔いていたということである。海舟のごときは、剣を殺人の具とせず、これを活人に用い、剣によって人間の道を完成した人であり、さらにその得入の処をもって人にほどこし、衆生済度の無刀の道を縦横に発揮した人である。

海舟・南洲・鉄舟等のこの大慈大悲の無刀の道、君子の剣は、畜生心の次元で剣だけを捨てたものでないことは、十分注意を要する点である。近頃流行の「平和」の叫びや「再軍備反対」の声や、あるいは「青年よ銃を執るな」という主張は、そのこと自体において何ら反対すべき理由はない。剣禅を説くわたくしとしても大いに賛成である。しかし、その叫び、その声が、どこから出るかが問題であろうと思う。戦争と平和との対立する次元にあって、平和を望み戦争を嫌うなら、それは夕雲のいわゆる畜生心であり、似而非平和なのである。そういうものでは、たとい戦って勝ったところで「らちもない畜生兵法」であるし、いくら声をかぎりに平和を叫んでみたところで、ただの弱者の悲鳴——畜生心的悲鳴に過ぎないのである。畜生心の土台をそのままに放っておいて、軍備をするもしないもあったものではあるまい。

畜生心とは閉じられた世界であり、無住心とは開かれた世界である。閉じられた世界(あるいは自己)から開かれた世界(あるいは自己)へ、古今一流の剣者は、この立場の転換を行ない得たからこそ、涅槃経にいうように「刀仗を持すると雖も持戒なり」という、絶対平和の無刀の極意に達し、人殺しの術を君子の剣として人間救済の道に翻転することができたのである。要は、いかにしてこの無底の開かれた地平に到達するかが問題なのであり、古来の剣人、禅者の関心の第一はそこにあったのである。

『無外真伝剣法訣』に曰く、「古へに曰く、神にしてこれを明にするは其人に存す、苟くも其人あらんか、吾れなんぞ隠《かく》さんや、「吾れなんぞかくさんや」と。烟は楊柳に和して青く、水は荷花を帯びて白し。咄！

十二　剣豪群像——平法学の探求者たち

1

わたしくはこれまでにしばしば禅は心法上の剣だといったが、これは用語の上で立証してみても、禅のそれには剣に関するものが随分多いことがわかる。

まず誰でも知っている有名な句に、
　両頭倶に截断して、一剣天に倚って寒し。

というのや、
　天に倚る長剣、人に逼って寒し。

　一句乾坤を定め、一剣天下を平ぐ。

などがある。その他、
　三尺の剣を磨礱《ろう》して、不平の人を斬らんことを待つ。

　剣は不平のために宝匣を離れ、薬は療病によって金瓶を出づ。

なども、禅に心を寄せる人の誰でもが知っている句であろう。

　利剣払開して天地静かに、霜刀挙《こ》するところ斗牛寒し。

宝剣寒光動き、梅花雪裏の春。

横に鏌鎁を按じて正令を全うし、太平の寰宇に痴頑を斬る。

ちょっと頭に浮かぶものだけでも右のようにたくさんある。いわんや『禅林句集』でもひもとけば、数えきれないほど拾い出せると思う。

それに活人剣とか殺人刀とかいう類――たとえば、
文殊提起す殺人刀、浄名抽出す活人剣
というようなものまで拾い上げれば、ますます多くなる。まことに禅家は剣がお好きだと見える。

さらに禅家の用いる道具にしても竹篦《しっぺい》とか拄杖《しゅじょう》とか、警策《きょうさく》、如意《にょい》等のたぐいで、人を打ったり叩いたりするものがかなりたくさんある。もちろん、それらは、はじめから打ったり叩いたりするものとして生まれたものではないかも知れないが、副次的にせよ、いやしくも宗教と名のつくもので、人をなぐる道具があるとは他に類が少ないのではないだろうか。

門弟を指導する方法にしても、棒、喝などの手荒いやり方が、日常茶飯の事として用いられるばかりでなく、かえってそれが親切だとされているのも、世人周知の禅の特徴ではないかと思う。

雲門が睦州に脚の骨をへシ折られて悟ったとか、百丈が馬祖に一喝されて三日耳聾《みみ》したとか、近来では白隠が正受老人にしたたか叩かれて悟ったなどは有名な話で、それらがむしろ美談として語られている。わが臨済宗の始祖臨済義玄禅師のごときも、はじめ黄檗に参じたとき、ご多分に洩れず三十棒をくらっていたたまれなかったとは、その「行録」に記されているところである。

臨済は若いときから仏教理論を深く研究した人であるが、のちにそんなものは結局、手枷、足枷の数をふやすようなもので、生死の解脱には何の役にも立つものではないと反省し、従来の学問知識を一擲し、衣を換えて禅門に帰し、黄檗の会下に参じたものである。それだけに只管に坐禅に親しんで、「行業純一」であったという。先輩の睦州は、かねてから臨済に目をつけ深く望みをかけていたが、昨今の打坐三昧のさまをみて、もう頃合だと感じたのであろう、ある日、臨済に向かってこうたずねた。

「お前はここに来てもう三年にもなるのに、一向に和尚に参禅もしないが、どういうわけかな」

「何といって行けばよいのかわからないからです」

すでに仏教の教理を究めつくした臨済には、もう理論的に「知る」ことを必要とする何ものもなかったにちがいない。ただその理を「体究練磨」することだけが、かれに残された課題だったのだから、いまさら、たずねるべき何ものもないと思っていたのであろう。

「それでは、わしのいう通りのことを和尚に質問してみるがいい。——如何なるか是れ仏法的々の大意、とこう聞くのだ、いいか、元気を出して行ってこい」

こう睦州に教えられた臨済は、元来が正直一途の男だから、いわれるままにはじめて黄檗の室内に入って「如何なるか是れ仏法的々の大意！」とやってみた。するとその言葉がまだ終わらないうちに、黄檗の手にした棒が風をきって飛んできた。およそ二十ぺんほどしたたかに打ち据えられた。何しろ五尺そこそこの小柄の臨済が、身の丈け七尺という巨漢の黄檗に力一ぱい叩かれたのだから、随分痛かったにちがいない。骨の髄までこたえたものとみえる。顔をしかめながら帰ってくると、途中に待ち構えていた睦州が、

「オイ、どうだった」

「あなたに教えられた通りにやったところ、いきなりなぐられました。わたくしには一体、何のことやらサッパリわかりません」

臨済は口をとがらせて、不平そうに訴える。

「ナーンダ、そんなことでへこたれるやつがあるものか、もう一度行って来い！」

こう睦州に激励された臨済は、気を取り直して再びのこのこと黄檗の前に出て、前と同じことを聞いた。けれどもこんども前にも増して強く叩きのめされた。かくすること三度、さすがの臨済もほと根《こん》がつきたものか、

「折角のお指図でやってみましたが、わたくしにはここではとてもつとまりそうもありませんから、お暇をいただいて下山し、しばらくよそへ行ってみたいと思います」

と睦州に暇を願い出た。

「そうか、それでは仕方がないから暇をやろう。しかし、下山する前に和尚に挨拶をして行けよ」

睦州は先回りして黄檗に耳打ちをしたので、黄檗は挨拶にまかり出た臨済に向かって、大愚和尚のところへ行くように指示した。

こうして高安灘に行った臨済は、そこで大愚の言下に「黄檗の仏法多子なし」――ナーンダ、黄檗の禅なんて大したもんじゃないわい、と悟って、再び黄檗の許に帰ってきた。

「この馬鹿ものめ、何をウロウロしくさるんじゃ。ナニ、大愚め、わしのことを老婆禅だとぬかしおったと。よし、こんど大愚に会ったら叩きのめしてやるわい」

このときは臨済もすでに昔日の彼ではない。黄檗がこうつぶやいた言葉が終わるか終わらぬ一髪の間に、すかさず一矢むくいたものである。

「なにも大愚和尚の来るのを待つまでもありません。即今ただいま打ってあげましょう」

こういうが早いか、いわゆる「打爺の拳」をふるって、ハッシとばかり黄檗の頬に一掌をくらわしたのである。黄檗はきのうと打って代わった臨済のこの小気味のよいはたらき――禅機を見て、こみ上げてくるうれしさに、

「小僧！　味をやるわい」

と、呵々大笑したという。

師が弟子を叩きのめし、弟子が師の横ッ面を張りたおす。この奇怪な外形を見たら、現代のインテリ諸君は目を回して驚き、その野蛮ぶりを卓をたたいて非難するだろう。父兄はそんな道場へ可愛い子弟はやれぬと、カンカンになって抗議するだろう。しかし、禅はこれあるがために、現在までその命脈が保たれてきたのである。

師の六十棒に、ひとたびは逃げ出した臨済であるが、後年、そのときのことを回顧して、かれはしみじみと述懐している。

「誰かあの黄檗先師のような深い深い慈愛の心をもって、足腰立たぬほどに叩いて叩いて、叩きぬいてくれるものはないだろうか」

そしてそのときの六十棒の味わいは「蒿枝《こうし》の払著するが如くに相似たり」――よもぎの柔かいしなやかな小枝の先で、ソッとなでられるような、何ともいえないその気持は、今もって忘れられない懐

かしいものである、といって師恩に感謝している。

われわれの根強い本能的な欲望や、永い間正当なものとして野放しにされ増長しきっている自我は、とてもお説教やきれいごとでは退治できるものではあるまい。古人が喪身失命と表現したような、強い徹底した手段を用いなくては、本来のわれわれの無礙自由な世界はそうたやすく開かれるものではない。

棒喝の手段もそれが好ましいものとしてとられたものでは決してなく、そうするよりほかには無始劫来の妄執を根本的に除き去る方法――したがって自由な平穏な「飢え来って飯を喫し、困じ来って眠る」といったような境涯を現出する途がなかったから用いられたのであろう。「殺せ殺せ、殺し尽してはじめて安居」という言葉が示すように、生命がその本来のあり場所に安住するためにこそ、棒喝の「殺《せつ》」すなわち否定手段がとられたにほかならないのである。その手段と目的とを混同して、禅はやたら剣という語を使ったり、修行者を叩いたりするから、あれは平和的宗教ではない、好戦的軍国調の封建的宗教だというものがあるとすれば、それは全く度すべからざる近視眼か、やぶにらみだというほかはないと思う。

剣についても同じことがいえる。

「剣は身を守る道であろう。自分の身を守るために尊い他人の命をとるとはもってのほかだ」という非難をするものがある。それも一応もっともだと思う。しかし、それでは一体、正義を守り、平和を保つにはどうしたらよいのであろうか。邪悪に対しては敢然としてこれを屈伏し、平和をおびやかすものはこれを排除する以外には、平和を維持し正義を守る具体的手段はないのではないか。そのためには一面たしかに邪悪とはいえ、人を害なわなければならない。このジレンマをどうするか。古来の剣者が苦心したのはその点であろう。

すでに針谷夕雲や白井亨の境涯で見てきたように、剣が生死を決する武の道である以上、それは敵を打倒して勝ちを得ようとするのはむしろ当然である。邪悪と考えられる敵を倒さなければ、正善と思惟するわれが倒されるのである。出発はそのような殺伐なものであることも、生の厳然たる事実としてまたやむをえないところであろう。しかし、その邪悪に戦い勝ち、自己の生を守るために、もっとも効率的な方法を工夫鍛錬してゆくうちに、それは己れの心身を正し、みずからの非を断って、絶対主体の命ずるままに任運の行動をすること以外にはないというところに気がつく。それまで対者に向けられていた眼は、ここに至って自己自身を凝視する眼となって、百八十度の転回をするのである。

山鹿素行は『陰陽兵源』において「兵源無物の所」を知らない愚者は、「七情みな敵となり、骨肉、胡越となり」「戦ひ息むところ」を知らないが、「克己の工夫を修め」「兵源を窮む」れば、「天地位を得、百官職を守り、而して後、天下平か」なることを得る、「是れ真の兵法なり」といっている。その「一念未だ萠さざる」「明徳の本体」を明らかにし、「一心の兵法その源に遇ふ」というのが、自己の非を断ち得たところであろう。それを素行は仁者敵なしといい、神武不殺と呼んでいる。

相対的な敵対の道をぎりぎりのところまで押しつめて達した絶対の境地、殺伐きわまる殺人剣を万物その所を得る活人刀に転じ得たところ、さらにいえば、黄金もその色を失うという把住の否定から、瓦礫も光りを放つところの放行の肯定へと転回した世界、そこに剣者の生きる世界があったものと思う。

敵に勝つためのきびしい修練の帰着するところは、かくて一見目的結果不一致ともみられるような和の世界、敵のない境地であった。絶対平和の世界、これこそ古来の剣者が血みどろの苦修の結果、たどりついた理想境であったのである。

以下、二、三の剣者の生涯について、この辺の消息を明らかにしてみたいと思う。

2

白井亨がその著書に、古今の名人として四人の名をあげていることは既に語ったが、その中の一人山内蓮真は、白井と同じ備前岡山の生まれで、名は一真、通称を甚五兵衛と呼び、富田《とだ》流を主としてその他の各流を学んだ人である。熊沢蕃山や僧白巌等とも交遊があって、文事にも深い素養をもっていたという。

相当の達人になってからのち、されに深く修行しようと思い立ち、京都に出て槍の名人といわれた木下淡路守利当の許に寄寓しているうちに飜然と省悟するところあり、自分の剣法を平常無敵剣道と称し、所司代板倉重矩の知遇を得て一躍斯界に武名をうたわれるようになった。晩年に及んで、関野清太夫信歳に的伝の正統を伝え、自身は小田原の妙福寺に隠遁した。関野信歳はさらにこれを池田八左衛門成祥に伝えた。

池田成祥もまた文にも深かったとみえ、師伝の平常無敵の精神と、『老子』の「谷神死せずこれを玄牝という。玄牝の門これを天地の根という」（老子第六章）の一章の真意とが全く合致するとの見解から、新たに「谷神伝」というのを流儀の最高極意として立てた。

「谷神」というのは、道の本体の空虚なのを谷にたとえたものである。山と山との間の谷は虚であり、その虚なるところに神即ち魂があるというのでこう名づけたもので、虚無の道を指している。それは虚無だから、始めもなく終りもない。したがって「不死」である。天地万物みなそこから生ずるので「玄牝」即ち奥深く究めることのできない「牝《めす》」であるというのである。「玄牝」はその意味で、「天地の根」だといってよい。天地万物一切を生じてしかもそれを私せず、しかも永遠不滅のいのちである「谷神」を体究、練磨することが、この流の極意とするところなのであろう。

この流ではいわゆる剣理を説かず、構太刀も教えず、体勢の整え方も論じない。つまりは一切の形式を教習しないで、いきなり心法を会得させることにつとめ、その心法から万般に応じさせようとする建前である。

当流は天地一息を本源とし、神気滞りなきを要として立る故に、表もなく裏もなく、太刀の構もなく、総じて仕組一つもなし。

唯神気素直にして平生の形にてすらすらと出で、打太刀の仕掛に随て変に応じて勝つ、若し又仕掛ざるも勝つこととなり、然れば形体、手足、太刀の所作に法なし、殊に神気の所法に有てこれを谷神伝といふ。（当流括要）

という徹底ぶりである。

要は、谷神不死の外は一切他を顧みないのである。谷神が天地万物を発生させながら無始無終に、「綿々として存する」のは、要するに「之れを用ひて勤めず」という点によるのである。だから、われわれも、おれがおれがの我見をやめて、自然に任せて無理をしなければ、それが「谷神不死」の道理にかなうわけである。谷神伝にはそういうところがある。その谷神伝を本伝として、そのほかに三個の秘事、すなわち比至岐、左至、能利の三事を別伝とする。比至岐はヒシギで、平等を意味し、技としては敵をひしぎ挫く教えである。左至はサシで、抑止のこと、敵の気の動きを先制する教えである。能利はノリで、敵の気に乗ってこれを制圧する教えである。

さて、流名の平常は、禅に平常心是道などというあの平常であるが、つまりは平和を将来するために剣を用いるという趣旨だといわれている。無敵は仁者無敵の無敵で、敵するものもないほどの剛者という意味ではない。絶対のわれを認得したものには、それに反する相対的な敵はおのずから存在しないという見地である。勝敗というものは、彼我相対の妄念によって起こるところの邪路であって、それは未だ無敵、したがって当然無我の絶対境を知らない者のおちいる外道である。われもなく敵もない絶対的主体の、立場なき立場に立つものは、おのずから平常すなわち平和ならざるを得ないというのがこの流名の精神である。だから試合などをして益もない殺傷をするのは、流儀の精神に反する犯則として厳重に戒められている。この流儀に対する難をいえば、極意に到達するまでの手がかりを欠く点だとおもう。池田成祥その人は、一刀流、新陰流、平常無敵流などの諸流を究めつくした人だから「谷神伝」もよいが、初心にはそれでは理兵法に陥ってしまうのではないであろうか。

この平常無敵剣道よりやや早く、ただ「剣道」と称した剣者がある。

寛永頃の人で、黒田家の臣、安倍宗左衛門頼任がそれである。彼は丸目蔵人印可の門人、東権右衛門という者について大捨《たいしゃ》流を学び、免許を得てのち江戸に出府した。その頃、江戸にやはり大捨流の相良内蔵之丞という剣者があって、つねに「柳生但馬殿もわが相手には不足だ」と豪語していたが、頼任は出府してそのうわさを耳にすると、すぐにその相良を訪ねて試合を申し込んだ。諸国を巡遊してずいぶん腕を磨いたつもりだった頼任も、しょせんは田舎剣術で、とても江戸で一流の門戸を開く相良には歯も立たず、たちまちにして打ち伏せられてしまった。そこで、相良の内弟子となって何年か修行したが、やがて免許を得たので錦をかざって帰国の途についた。

頼任は郷里で門人を取立てていたが、ある時、考えるところあり、大捨流を門人の飯田一右衛門に譲り、自分は円流と称して別派を立てた。四十四歳（寛文七年）の秋、さらに、「剣術は即ち人倫日用道の立義たる」ゆえんを悟ったというので、円流も捨て、それ以後は単に「剣道」と号するようになったのである。

大捨流というのはもともと戦場の用を専らとしたもので、『撃剣叢談』にも「此流 遣方《つかいかた》は前後縦横に飛めぐり切立薙《なぎ》立する遣方なり」とあるように、すこぶる荒っぽい流儀である。この流から例の真貫流が出たのであるが、真貫流のはげしいことは平山子竜のところで述べた通りである。

そのきわめて荒っぽく剛刀を使う大捨流から出た頼任の「剣道」ですら、「五平」ということを極則としている。「平は平生の意、常と訓じ、五平を温・応・厳・察・一」とし、これを仁義礼智信の五常に配して説き、この道に背けば絶対に勝利は得られないとの見解で、剣道即人道の立場から人倫の道を強調するのがこの流儀の特徴である。

もしそれわが直心影流五世の的伝正統をついだ神谷伝心斎に至っては、さらに徹底した見解をもっていた。かれは丈左衛門真光といい、水野出羽守に仕えた人であるが、若年から十五流にわたって修行し、最後に小笠原玄信斎の門に入ってその正統者となったのである。

『日本剣道史』に伝えるところによれば、かれは当時うわさの高かった宮本武蔵の二刀に対してつねづね「宮本とてよも鬼神ではあるまいから、打って打てぬ道理はない」と批判していたという。このことを耳にした師の玄信斎は非常に不愉快に思って、

「其方くらいの腕で武蔵の批判は僭越至極だ。少し口をつつしむがいい」

と、その傲慢な態度を戒めたところ、丈左衛門はそれがいかにも不服らしく、

「イヤ、わたくしとてこう申すからには、いささか、成算があってのことです」

と広言をはいて譲らなかった。

「それほどお前に自信があるなら、わしが武蔵の仕方をやってお前と立合ってみよう」

というので、ここに端なくも師弟が雌雄を争うことになった。

玄信斎は左右の手にもった長短二本の木刀を下段に組んで、ジリジリとつめよる。丈左衛門は上段に構えてこれに相対していたが、たちまち松風を振って下段に差し直した。松風というのは俗に猿回《えんかい》ともいい、直心影流の韜《とう》の型に残っているが、右向単身で、剣を水平に額前頭上にささげ、左手で剣先と物打の半《なか》ほどをささえた変化自在の態勢である。丈左衛門はその構えから回転して下段に振り下ろしたわけである。玄信斎は得たりとばかり踏み込んで、二刀でその振り下ろした下段の木剣を挟みつけるようにして押えにかかった。と、その一刹那、丈左衛門はサッとばかりにはねかえして電光の一撃、玄信斎の額口をハッシと打って飛び退った。さすが名人とうたわれた師の玄信斎も、これにはかわすも受けるもなく、

「参った」

というほかはなかった。

丈左衛門はこれほど非凡な技の持ち主であったが、さらに偉とすべきはその後も孜々として深く研鑽につとめ、六十七歳で伝心斎と名乗るようになってから豁然として大悟したのである。

「いままでの勝負はみな外道乱心の業であった。仁義礼智の四徳に基づかない兵法は、畢境詐術に過ぎない。真の勝は、己を捨て真心をもって進退し、非心を断たなくては得られるものではない」

こう悟ってから彼は「直心」を流名とし、「非切」すなわちみずからの非を切り、人我の見を切断するところの太刀を極則とした。

「面籠手《こて》など頼りにするな、一身を防ぐ道具は直心のみだ」

とは、彼がつねに門下を教誡した言葉である。

寛文三年（一六六三）二月の伝書に八十二歳と署名しているそうだが、その歿年は明らかでない。ただ後をついだ門人の高橋弾正左衛門重治の腕にもたれ、

「身は浮島の松の色かな」と、低声にくりかえしながら、眠るように逝ったということである。

弟子の高橋重治は、師の伝心斎の意を汲んで直心影流法定の組太刀に「非打」の太刀を入れた人で、その太刀は今日まで綿々として伝えられている。「直心影流法定目録伝解」に「打太刀モ仕太刀モ相構ニテ打掛ケベキ透《スキ》ナキ故、不得止《ヤムヲエズ》、敵ノ実ヲ動カサンタメ俄カニ太刀ヲ卸《オロ》シ、敵ノ動キヲ見ル也」とあるのが、その「非打」である。それは同時に間《ま》を打つものでもなければならない。かれはまた師の末後の一句にさらに「兵法は立たざる先きの勝にして」と上の句を加え、「兵法は立たざる先きの勝にして身は浮き島の松のいろかな」としたが、これまた一流の教意の深厚さを示すものとして人口に膾炙されている。

3

前に述べた無住心剣の流れを汲むものに雲弘流というのがある。

『撃剣叢談』の巻三に、

雲広流は肥後熊本に建部定右衛門と云師有り、其詳なる事を知らず。

と、極めて簡単に紹介されているのがその末流だと思う。いまちょっとその名を思い出さないが、熊本に雲弘流の名人がいて、その稽古の様は彼我数間の間合いを取って相対し、双方上段に取ったままで走りより、面を打つだけだと少年の頃先輩から聞かされた記憶がある。その名人はたしか範士で、昭和の初期頃まで存命した人だったように覚えているが、誰であったか全く思い出せない。

奥州伊達家に樋口七郎右衛門不堪という士がいて、はじめ天真正伝神道流を学んだが、のちに一派を立てて弘流と名づけた。極意には参気伝、静和伝、活眼伝、活剣伝、未発伝等があると『日本剣道史』に記されているが、その内容はわからない。けれどもその名称をみれば、それが何をねらっているかは想像に難くない。要は、我を滅して本然の心に復り、中和を得るというのが、この一流の本旨である。

この樋口不堪の弟子に氏家八十郎という者があって、なかなかの達人であった。このものは井鳥士佐という千石取りの旗本の孫で、父の五郎右衛門の代から伊達家の臣になったというから、おそらく江戸には縁が深かったものであろう。どういう機会にか明らかでないが、あるときその頃江戸で名高かった無住心剣の小出切一雲に逢ったことがある。

世にもすぐれた一雲の超凡越格の剣風に、すっかり敬服しつくしてしまった氏家八十郎は、早速流をかえて師弟の礼を取り、その門下の列に入った。そして何年か研究をつんだ結果、ついに一雲から印可されるほどの達人になった。

そこで、彼は伊達家を去って一介の浪人となり、その姓も本来の井鳥に復し、師の雲字を取って巨雲と号した。

剣の方も、はじめ不堪に学んだ弘流《こうりゅう》と、のち一雲に許された無住心剣とを合して雲弘流と名づけた。かくて初祖となった井鳥巨雲は、雲弘流の教習法を次のように制定した。まず表六本、裏十二本、短刀六本の組太刀（型）を、朝夕鍛錬させること二、三年、全くその技に習熟して、これならどんな場合にもやりそこないはないと見定めたのち、はじめて鉄面をかぶり、小蒲団で頭を包み、短剣をもって入身の技を稽古させる。

短をもって長に対し、心に少しのたじろぎもなく、生死巌頭に寂然不動たることができたら、次に相打ちを主として死地に望む試合を練習させる。

ほぼ右のような順序で修行させたようである。これは雲弘流ばかりでなく、その頃の教習法は大抵みなこうだったようである。

直心影流などでも、最初は法定《ほうじょう》という四本の組太刀を、太い木剣で三、四年もみっちりと稽古させる。一歩一歩を真歩といってア・ウンの呼吸と合わせて正確に踏ませ、大上段の太刀を泰山の崩れるような勢いで打ち下ろす。いわば書道の楷書に当たるのが、この法定である。これが完全に近く出来ると、間合い、気合いが手に入り、「後来の習態」が除かれ、筋骨も固まり、手の内のしまり具合も会得されてくる。この基礎的訓練をやったのち、次には韜《とう》の型といって、袋竹刀で攻防の技を主とした稽古を何年かやらせる。こうして楷書たる法定の気合いで、行書に当たる韜の型が十分に使いこなせるようになったとき、はじめて面小手をつけていわゆる仕合稽古を許すのである。

本格的な剣道はこうやらなければ駄目だと思う。いまでは古人が生命をかけて発明体得した秘技が、文字通りの型として大会などで儀式的に行なわれるだけで、昔のように必須の基本的訓練としては行なわれていない。昔は、守、破、離の順序に従って、まず守の段階では古人の型を身につくまで繰り返し鍛錬したものである。一挙手一投足も型に外れる動作がなくなったらこれを破る、つまり古人の鋳型を破棄する。最後に型を全く離脱して、独創的な技境を開き、自由無礙な、いわゆる心の欲するところに従ってしかも矩を越えないところに達する、という順序をふんだもので、どうもそのほうが本当のように思われる。

さて、巨雲には直右衛門景雲という子息がいたが、幼少から病弱で、とても激しい剣の修行には堪えられなっかた。そのため巨雲は的伝の正統を甥の鈴木弥次郎定長に授けてしまった。景雲はこのことによって大いに刺激され、自分が伝統を継げなかったのは武士の恥辱だとして発憤努力したが、未だその奥儀に達しないうちに父巨雲が歿したので、そののちは専ら鈴木定長について指南をうけた。

享保九年から細川家に仕えるようになった景雲は、宝歴四年、熊本に藩校時習館が設けられたとき、その剣道師範を命ぜられた。しかし、律義な彼は道統の印可がないからと、固辞して受けなかったが、伝えられただけでよいからとの藩公の強っての下命でついにやむなくお受けはしたが、いくばくもなく病気の故をもって辞職してしまった。

宝暦十四年、景雲は剃髪して母方の姓である道島を名乗り、調心を号とした。別号を影法師ともいい、全く浮世を捨て八十三歳でこの世を終えるまで、二度と剣のことは口にしなかったという。

門人に中村正尊という細川藩士があったと伝えられるから、『撃剣叢談』にいう熊本の雲弘流は、あるいはその伝統のものかも知れない。

巨雲の伝統によれば、その初伝を随順抄と名づけ、中伝を中位三教録、奥伝を三先の伝、または敷の位と称したといわれる。しかし、いくら技術的には達人の境に入っても、「天真発揚」といって、最も根源的な本来の自性が発揮できなければ、これを達道悟人の士とは認めなかった。いわんや天真の自性の発揚を妨げるような私心我欲が、たとい一点でも存するうちは絶対に免許しなかった。雲弘流の別名を天真流ともいったのはそのためだという。

さきに述べたように、その仕合ぶりをみても、鉄面をつけ小蒲団で頭を包み、短剣の入身を習わせて不動心を練らせるのも、私心邪念を断ちきって天真の自性を発揚させる方便なのであろう。あるいは十分に間合いを取って走り寄りざまに、上段から虚心にハタと打つなどというのも、察するに三先に伝で先天絶対の天真の発揚を試みるものではないだろうか。

子の景雲――のちの道島調心の門人である中村正尊が『雲弘氏伝』を著わし、師の徳を述べている由が『日本剣道史』に見えるが、おそらくその中に引かれているものと想像するが「自像賛」というのがある。自像賛というのだから中村正尊の作ではなく、調心自信の自賛なのではないかと思うが、確実なことは作者の名が記されていないので何ともいえない。

汝を顧るに形は人に似て目に見ることなく、耳に聞くことなく、鼻に嗅ぐことなく、口に言ふことなく、本より七情の気もなく、唯茫然として立ぬ、そも汝が名は如何に。

有りとすればなし無しとすればある世の中の月だにうとき夜半の影法師
あたかも無字の公案のような、この五無の影法師こそ、調心その人の見得したところの、いわゆる「本源自性の天真仏」であろう。

「法身覚了すれば無一物」で、法身は目に見えず、耳に聞こえず、鼻にも嗅げず、正に無相であるが、しかもそれは虚無ではない。「無とすればある」ところのものである。「有とすればなし無とすればある」その本来具有底の自性をありのままに見得して、これを一剣のはたらきの上に表現するものが雲弘流の上段の打ではないだろうか。

かの趙州の露刃剣は、「わずかに如何と擬著せば、身を分って両段となす」という。その「如何と擬著」するところの分別心を、私心といい邪念といって「天真発揚」の雲弘流は最も忌むのである。

かつて巨雲、景雲等の遠祖夕雲がこういっている。

凡そ太刀を取て敵に向はば別の事は更になく、其間遠くば太刀の中る所まで行くべし。行付けたらば打つべし。其間近くば其儘打つべし。何の思惟も入るべからず。

今にして思えば、夕雲がこの無思惟の一太刀こそ、遠間の上段から走り寄ってハタと打つ、わが雲弘流の天真発揚の本源であったのである。そしてこれこそまた実にわが禅源、趙州老古錐の露刃剣ではなかったろうか。

むかし千葉周作の『剣術物語』を読んだとき、「さとり」という怪獣のことが書いてあったのを記憶している。その大体の筋は次のようだったと思う。

一人の樵夫が山奥で木を伐っていると、そこへ忽然《こつねん》としてさとりという怪獣が出てきた。珍しい動物なので樵夫はスキを見て生け捕ってやろうと思った。すると、間髪を容れずにさとりが、

「お前さんはおれを生け捕ろうとしているナ」

という。樵夫はハッとしたが偶然の一致ということもあるから、素知らぬ顔でスキをうかがいながら木を伐っていると、

「どうだ、驚いたろう」

と得意がる。樵夫は生け捕りをあきらめて、手にした斧で一撃して殺してしまおうかと考えを変えた。トタンに、

「おれを殺そうというのか!」

とくる。こうして樵夫の心中に一念が浮かぶと間髪を容れずに言い当てるので、どうすることもできない。大いにシャクにさわるけれども、生捕ることはもちろん、斧を投げつけることさえできない。

とうとう樵夫はさとりのことを断念してしまった。

「とうとうあきらめたか!」

さとりはこうひやかすようにいう。

もう樵夫はどうでもいいと思っていた。いつしかさとりがその辺をウロチョロするのも気にかからなくなり、ただ夢中になって木を伐っていた。一種の三昧境に入ったのだろう。斧を振っていることさえ忘れてしまった。

そのとき、偶然にも斧の先が柄から抜けて飛び、ちょうどさとりが向うの木影から顔を出したとこ

ろへ、ガツンとぶつかった。さすがの神通力をもった怪獣も、この不意の一撃は予知することができず、一たまりもなく頭を打ち砕かれてあえない最後をとげた。

千葉周作は、この物語をどこかで古老に聞いて、これなるかなと剣の極意を悟ったというのである。一刀流にいわゆる「水月移写」で、水面に雑念妄想の小波が立たず、磨ぎ立てた明鏡のようであるならば、月の一挙一動は大小となくそのままうつる道理である。それは清らかだとはいっても、月には形相があるからである。けれどももし月に形相がなく、無形無相だったらどうだろう。うつりようがないはずである。明鏡のようなさとりも、無心の樵夫の三昧境は写せなかったわけである。

これに似た話が『荘子』にもある。季咸という霊感の大家が、列子の師である壺子の人相を見た物語である。

その霊感の大家にスッカリほれこんでしまった列子が、これは師匠以上の人物だと思い、壺子の家につれてきた。季咸は壺子を一見したのち、別室へ退ってから列子に向かって、

「なるほど、君の先生は偉い人だが、惜しいことに死神がついている。近い中に死ぬだろう」

といった。列子は驚いて師匠の室に飛込み、涙ながらにその旨を告げると、師の壺子は平然として、

「そうだろう。わしが寂然不動の相を示したので、そう判断したのだ。明日もう一度連れて来るがいい」と言っただけである。

翌日、壺子に会った季咸はこんどは、

「君の先生は幸い僕に会ったお蔭で生気を取り戻した。この分なら生命に別条はあるまい」という。

列子は大喜びでこれを師に告げた。

「そうか。今日は静中に動ある相を示したのでネ。明日も連れてきてごらん、何というか」

こう言って壺子はニヤニヤしていた。

その翌日、例の通り壺子を一見して室を出た季咸は浮かぬ顔で、しきりに首をひねっていた。

「君の先生は生死相半ばして、何とも判断しかねる。明日もう一度来て、しかと見定めることにしよう」

列子がその通りを壺子に通ずると、

「今日は少しいたずらして、陰陽の二気が相和して、捕捉し難い相を示した。どちらにでも取れるので奴さん判断に迷ったのだろう」と笑っていた。

さて、その翌日である。季咸は前日のように悠揚として壺子の室に入って行ったが、何としたことか、まだ席も定まらないうちに顔色を変えて走って出てきた。壺子は大喝一声、

「かたり者を取り押えろ！」

と列子に命じた。列子はすぐに追いかけたが、たちまち姿を見失って戻ってきた。

「一体、これは何としたことでしょう」

「わしが無の相を示したので、びっくりして逃げたのだ」

それから壺子は諄々として列子に、大道の真髄を説いて聞かせたということである。

この霊感の大家もさとりと同じように、有意有相のときはドンピシャリで見て取ったが、無心無相の場合には手を挙げて逃げるほかはなかったのである。

剣もこの点は同じで、一面にはさとりのように相手の念頭の微動を読みとって、それが動作に現わ

れる以前に制圧するとともに、自分は無心で相手に対処して一念の動きも写されないようにする。その修練のできたものが名人達人というわけであろう。

有名な富田《とだ》流の祖に、富田越後守重政がある。彼ははじめ山崎六左衛門といったが、富田家の養子になったものである。あるいはその養父治郎左衛門景政の代から富田流と称したともいわれ、『武術系譜略』にはその説を採っている。治郎左衛門景政の兄が有名な富田勢源である。

代々中条流を学んでいずれも名手であったが、治郎左衛門の代から前田利家に仕え、重政の代には軍功によって一万三千石を禄したというから、その腕前のほども察せられるわけである。

その重政が、ある日のこと、家来にひげを剃らせていた。

そのとき、家来がフト心の中で、

「いくら天下の名人でもこのまま刺したら一ト突きだろう」

とひそかに考えた。

すると間髪を容れず、重政はクヮッと眼を見開いて、その家来の顔をながめた。そしてさりげなく、

「どうした？　そちの顔色はただごとではないぞ。しかし、そちには思ったことをする勇気はあるまい」

こういって眼を閉じると、再び静かにひげを剃らせる態勢に戻った。けれども、家来は恐ろしさに縮み上がって、容易に主人の顔に剃刀を当てることができなかった。

驚くべき直感力である。これほどの人ならば、おそらく相手に自分の思うところを察知されるようなこともあるまい。つねに無心だからである。

仙台の民謡「サンサしぐれか萱野の雨か、音もせで来てぬれかかる」は、伊達政宗の作だといわれるが、その「かや野の雨」のように、「音もせで来てぬれかかる」のは戦陣の心得であるばかりでなく、剣の極意でもある。この無から発する太刀、それこそ真の「先の太刀」と称すべきものである。重政のような人ならば、きっと相手の心の微妙な瞬間の動きも見逃さないと同時に、自分のそれは察知されないと思う。

その一つの例として、次のような有名な話がある。

重政は前に述べたように利家、利長、利常の三代に仕えたが、その三代利常公のときのことである。

一日、利常が重政を召して言うよう、

「其方の家の芸に無刀取りという極意があるそうだが、どうじゃこれが取れるか」

こう言いながら佩刀をスラリと抜いて、目の前に突き出した。

重政はかしこまって、

「ハイ、たしかに取れます。が、無刀取りはわが富田流の最高の秘訣でございますから、他見をはばかります。どうかあの襖のかげから隙見をしている者をお取払いねがいます」

と、静かに申し上げた。利常は思わず後ろをふり向いて、

「そこに居るのは誰じゃ。退がれッ」

と叫んだ。

そのわずかの隙に乗じて、重政はシッカと利常の利き腕を押え佩刀を奪ってしまった。

「恐れながら無刀取りとはこれでございます」

利常はシテやられたとばかり笑って、その機転を賞されたという。

重政は寛永二年四月に六十二歳で歿しているが、六十二といえばそれほど高齢でもないのに、この円熟し老成したさまは、さすがに名人越後と称されただけのことはある。

美濃大垣の戸田家の家臣に正木段之進俊充というものがいた。この人は一刀流の古藤田弥兵衛俊定の門人である。

古藤田俊定には『一刀斎先生剣法書』という著述があり、その奥書に寛文四年（一六六四）の年号があるのを見れば、正木段之進は多分それ以後の元禄、享保から宝暦頃にかけて活躍した人だと思われる。

この人は一刀流を極めたばかりでなく、先意流の薙刀をも信田一円斎重次に学んで絶妙と称された。腕力も抜群で、重さ七十斤の鉞《まさかり》を七、八百遍ふり回しても顔色一つ変えなかったという。『撃剣叢談』の巻三にこの人のことが記されているが、それによると「剣術を以（て）頗る人に知らる」とあるから、その頃相当に有名だったとみえる。

後に鎖術という珍しい武術を発明して、これを守慎流と名づけたが、その発明の動機について、『撃剣叢談』の記すところを意訳してみると次のようである。

段之進がまだ太郎大夫と名乗っていた頃のことである。ある年、大垣侯が江戸幕府の大手門警備の任を受けたので、彼も主人に従って番を勤めていた。そのとき、彼がつくづく思うに、いまここへ突然に狼籍者か狂人が現われたとしたらどうだろう、斬って捨てるのは造作もないが、それでは後に何だ彼《か》だとうるさい問題が残る、さりとて足軽なみに棒などを持っているわけにも行かぬ、といって手をこまねいて乱暴を見物していることもできない、そんなときに人を傷つけず、侍として持っていてはずかしくない、何かよい道具はないものだろうか、ということだった。それ以来そのことが常に念頭を離れなかった。

それから彼はいろいろと工夫した末に、ついに玉鎖というものを考え出した。玉鎖とは丁度鎖鎌の鎌のないようなもので、十手などと同じような捕物用具の一種である。これなら平素から袖の中にでも懐中にでも潜ませておくことができるし、また人を殺傷せずにすむというわけである。

その玉鎖の使用法、すなわち鎖術を考案してからというものは、入門者にはまずそれを教えてからのちに剣、薙刀を伝えることにした。彼はなかなかの信心家で、一種の修法をも心得ていたらしい。それで入門者には絶対に人を傷つけないという誓約をさせた上で鎖を授けたが、その鎖には一々「祈禱をなして精を入て」と『撃剣叢談』にあるところを見れば、祈りをこめて授けたものとみえる。だからこの鎖を所持する者は、強敵に遭っても災厄を受けず、猛獣毒蛇も近づくことができないと信ぜられたという。

彼はつまり平和的武道家だったのである。近頃は平和平和とお題目のように口に唱えながら、やることは一から十まで闘争的なのが少なくない。平和論の内容もすこぶる闘争的、攻撃的で、ちっとも平和的でない。そういう手合いは多分心から戦争の惨禍を知らないのだろう。それに反して一見闘争的と思われる武道の大家が、心からの平和愛好者であるのも妙である。

ある夜、鼠が出てきてしきりに襖をかじった。段之進はシッ！　シッ！　と追ってみたり、畳を叩いておどしてみたりしたが、その瞬間、ちょっとの間だけは静かになるが、しばらくするとまたガリガリやりだす。

『猫の妙術』の勝軒先生のように木剣こそ振り回さなかったが、段之進先生、鼠のために立ったり坐ったりさせられて、とうとう夜の明けるまで安らかに眠ることができなかった。そこで段之進は考えた。

「これはわしの気合いが充実しないために、鼠に徹しないのだ」

その翌晩、段之進は坐を正し、心を集中し、気を充たしてジーッと自ら守っていた。すると鼠は出て来なかった。

偶然ということもあり、鼠のほうの都合で来なかったのかも知れないから、その翌晩もやってみたら、やはり出なかった。

かくすること連夜。後には梁を走る鼠を睨むと、パタリと落ちるようになった。これを「気圧の稽古」と称し、正木門下は一所懸命に鼠を睨んで鍛錬したということである。このことは「南谿が東遊記に見ゆ」と『日本剣道史』に記されている。

前に〝放つ位〟のところで書いたことだが、山岡鉄舟翁も若い頃、坐禅をはじめるといままで荒れ狂っていた鼠が、忽ち一匹もいなくなってしまったという。

われわれの場合はその反対で、何かごそごそやっているときは静かだが、ジッと坐禅でもしていると天井裏で鼠が踊り出す。これは「無」に成り切った証拠と言えばいえないこともなかろうが、鼠にナメられた証拠といったほうが当たっているかも知れない。鼠のかかしにすらならないのである。つまりは「気圧」が足りないのであろう。

正木段之進は或いはこの「気圧」に自信があったので、抜刀の相手に対しても玉鎖を用いたのかも知れない。彼の平和論はまずミサイルで気圧しておいて、相手を黙らせるソ連の平和論のようなものかも知れない。少なくとも紙の上や、口の先でギャアギャアいう弱者の悲鳴ではない。

洞山五位の兼中到の頌に、

　折合して還って炭裡に帰して坐す。

とあるが、元の凡俗の生活に帰って塵まみれになっている、炭裡に帰して坐す底の禅の至境は、とても窺い知るところでないとしても、世の常の禅を得た人の態度はどうあるべきものだろうか。

剣の至境も結局は炭裡に帰する底の位だと思うが、その何歩か手前の剣を得たという境地は、段之進のいわゆる気圧の有無とみていいのではないだろうか。

宮本武蔵が名古屋城下で槍の名手、田辺八左衛門長常を訪ねたとき、長常は玄関に立った武蔵を一見するや、

「これは、これは、すばらしい」

と、感嘆したというから、一種の気圧を感じたものだろう。そして座に請じてから長常は、

「御来名と承ったときは一ト手試合をと考えたが、こう顔を合わせてみるとそれも愚かだ」

と言って、子息の常之に碁の相手を命じ、自分は鮒味噌の手料理を作るとて別室に退いた。

碁はどうやら常之が強いらしく、武蔵は苦戦に陥った。苦渋の武蔵はやがてピシリと大きく音を立てて一石を打ち下ろすと、

「そうはさせぬ」

と独語した。対座していた常之は、その言葉に厳しい気合いを感じて思わずハッとして武蔵の面を仰いだが、武蔵は表情になんの変化も見せず、瞳を盤面に落としてジッと手数を読んでいる。

と、隣室で、

「突かせぬわい！」

という長常の声とともに、稽古槍を投げ出す音がした。

「武蔵どの、六十年の槍使いも、今日は突けなかった。心法というやつじゃ、アハハ」

と歯の抜けた大きな口を開けて笑いながら、長常が間の襖をあけて入ってきた。

これは、故松古命造氏の書かれた武蔵伝の一節であるが、このとき、武蔵は何歳くらいだったろうか。みごとなものである。これも畢竟は気圧というものであろう。

もちろん、それが精神的なものにせよ、圧力である以上は相対的なものであることというまでもあるまい。

したがって、五のものは三を圧しはするが、八のものには押される道理で、理としては同じ見性であっても、事としては深浅があることは避けられない。いわんや悟後の長養において境涯に段階の生ずることもやむを得ない事実上の問題であろう。

鈴木正三道人が、あるとき、侍は「ときの声坐禅」を仕習えといって、「自らきっと太刀を構えた模様を作して」から、「これは皆禅定の機であるが、兵法者は剣術を使うときだけは禅定の機に充ちているが、太刀を置くと、もう、その機が抜けてしまう」といっている。武蔵は玄関に立ったときでも、囲碁をやってしかも敗色の濃い一刹那においても、正三道人のいう禅定の機に充ち、気圧十分であった。禅者でも無言の間にそのような気圧を発しないのは、禅定の機の足りない文字禅の徒ではないだろうか。

この気圧さえあれば、剣樹刀山にも赤脚にして上ることができるであろう。

なおここに、人物ではないが、どうしても見のがすことのできないものに、先師が「問題の一書」として『日本剣道史』に紹介している『平法学』なるものがある。

これは応神天皇の朝に、王仁《わに》が伝来したものといわれ、そののち菅原道真が和註を加え、源義経の頃から武家の手に渡り、それ以来は将たるものがひそかに密修した秘法だというが、もとよりその伝来は例の拝外思想からのデッチ上げで、信ずるに足りないものと思う。

その『平法学』は「二人相対して主客となり、或る動作を行ふもので、後世の形《かた》の淵源とも見るべく、頗る整正純律のものである」と『日本剣道史』には述べられている。体の構え、足取り、呼吸などの方法は口伝であるから、今日では委曲をつくし難いとも記されている。

美濃の斎藤家の士に、衣斐《いび》丹石軒宗誉というものがあって、一流を立て丹石流と称していた。その源流は東軍大僧正だとあるので、世間多くは東軍流の枝流だと考えているが、東軍とは実は頭軍で、摩利支天の異称だともいう。

先師の考証によれば、その丹石軒は軍学者で、剣技を宗としたのはその門弟の飯沼夢牛斎からではなかったろうか、という。それはとにかく、その丹石軒が『平兵法』という文字を使用している。二階堂流に平法の教えのあることは前にふれたが、兵と平と音が通じたり、兵法の目的が敵を平定するにある等から、自然、平法ということは着想しやすいだろうとは考えられるが、それにしても偶然の一致にしてはあまりにも似すぎているので、古くから右の『平法学』なるものが隠秘の間に伝流されていたのではないだろうかともおもわれる。

いま例として挙げた山内蓮真や安倍頼任、または神谷伝心斎その他の人々は、それぞれの環境や教養や嗜好によってその極致に名づけた名称こそ異なれ、ひっきょう『平法学』たる点においては何らの相違もないのである。強敵を前にしてこれを倒すべく朝夕鍛錬した結果は、敵は打倒すべきものではなく、実は自己の「非」を切るときおのずから敵としてわれに対立する存在は無くなるのだと気付く。その無敵、平穏の絶対境が夕雲先生のいわゆる「内心の堅固にすわ」ったというものであり、そこに到るのが平法学の平法学たるゆえんでなければなるまい。

朝打三千、碁打八百、心頭を血にぬって八万四千の魔軍と、「輪剣直に衝く竜虎の陣、馬喪し人亡じて血、田に満つ」と表現される凄まじい法戦を展開し、ついに夾山《かつさん》無礙禅師の「降魔表」にいう如く、圧倒的に魔軍を殲滅しつくして「これより法界寧静にして、永く囂塵を絶ち、共に生死の河を渡り、斉しく菩提の岸に到る」ところの禅は、これまた心法上の平法学ではないだろうか。

その「法界寧静」に至る過程の法戦が激烈だからといって、あるいはまたその状を剣的に形容するからというので、これを好戦的だとか封建的だなどというものは、おそらくその皮相だけを見て、その真相を徹見したものとはいえないだろう。

フェンシングにせよ、野球にせよ、戦闘行為から転化したスポーツで、そういうものは西洋にも決して少なくはない。水泳もむかしは武技であった。武技がスポーツに転化したものは、そのように洋の東西を問わず随分沢山ある。けれども、それが人間の道として打成されたものは、一体どこの国にあるであろうか。

柔道は現在では世界的に普及した武技出身のスポーツであるが、嘉納治五郎氏はこれを「自他共存共栄の道」だと規定している。柔道即人間道と見ているわけである。いわんや遠く応神の朝においてすでに平法学と考えられた剣の道は、たしかに神器によって心身を荘厳する人間完成の大道である。「殺せ殺せ、殺し尽して始めて安居」という禅は、ここにおいて剣と表裏一体の人間の平法学であるといってよい。

十三　呼吸と姿勢——心・息・身の一致と剣

1

『剣法夕雲先生相伝』（寛永頃の人、針谷夕雲の弟子小出切一雲の著）によると、剣道の発達について次のように記している。

先師夕雲の談ぜらるゝは、当世より百年計以前迄は、兵法さのみ世間にはやらず、其仔細は、天下乱国なるによって、武士安座の暇なく、毎度甲冑兵仗を帯して戦場に臨で直に敵に逢ひ、太刀討、組合をして、運の強き勇者はながらへて、数度の場に逢て、自己に勝理を合点して、内心の堅固にすわる事、当世諸流の秘伝極意と云ふ物よりもなほ慥かなる者多し、如レ此の時代は吾も人も取りとめて習ふべき隙もなく、若又たま〳〵習うても、戦場其外の真実の働に及では、俄に習ふを以て勝利も得難く、只面々の運と覚悟とにまかせたると見えたり。近代八、九十年此方、世上は静謐となり干戈自らやみ、天下の武士共安閑に居眠りする様に成り行て、戦場に臨で直ちに試み習ふべき様なければ、責めては心知る良友に相対して互の了簡を合はせ、勝理の多く、負る理の少き方を詮議して勧習すること、治世武士の嗜と成りて、木刀革袋などにて互の了簡を合はせ試る事、兵法のならひと成りて、隙ありの浪人等朝夕工夫鍛錬して、所作にかしこき者は、

自ら他の師とも成りて教を施す。云々

この議論が実証的に見てどの程度の確度があるかは別として、とにかくその道の専門家として乱世から程遠からぬ時代に生きた人の言葉であるから、相当に重く見てもよいのではないかと思う。ここに「百年計《ばかり》以前」というのは、天文、永禄頃に当たるわけだから、少なくとも戦国の末期頃までは、「兵法さのみ世間にはやらず」で、一般はあまり剣法の稽古をしなかったものと見える。その理由は夕雲が説明しているように、戦場で実地に鍛錬したのと、乱世の武士には稽古を重ねている時間的余裕がなかったからであろう。

もちろん「さのみ世間にはやらず」という言葉が裏書するように、剣法は存在したことは申すまでもない。剣法は刀剣の発生とともにあったとは、諸家のほぼ一致した見解であるが、それは刀剣が時代とともに改良を加えられている事実によっても、そう断定できると思う。刀剣が改良されるということは、その使用上の経験からきたもので、そのためには当然これを使用する方法——高級、幼稚の差はあるとしても、何らかの剣法がなければならないはずである。ただ一定の教習法を組織して体系的に撃刺のわざを指導するところの、山田先生のいわゆる「師範家」、つまり職業的剣客なるものがあまり世間にはやらなかっただけのことである。

それよりも、この夕雲先生の談中で注目すべき個所は「内心の堅固にすわること、当世流行の秘伝極意と云ふ物よりもなほ慥かなる者多し」という点である。この文はその当時流行した剣法の秘伝極意が「内心の堅固にすわること」、いいかえれば精神がどっしりと安定して動揺しないことにあったことを示すものだと思う。戦場での実地の斬合いのほうが、道場での練習よりもはるかに「内心堅固にすわる」力をもっているならば、誰しもわざわざ師範家について効果のあがらない畠水練をやるまでもないであろう。いずれにせよ、剣法の要は撃刺のわざよりも、精神の安定不動がねらいだったということは、戦場での幾多の経験の結果、勝敗のかぎがそこにあると考えられたからに違いない。

ところが、織田、豊臣、徳川とだんだん世の中が平穏になるにつれて、その効果ある実地鍛錬の機会がなくなってきた。そこで「隙《ひま》ありの浪人ども」が、剣の理合いに従って申合せ稽古をするようになり、専門の指導者すなわち師範家が出現した。すでに師範家ともなれば、もったいぶった一応の理論や心法も、ひとかどらしく構えなければなるまいし、また修行法も能率的な方法が工夫されなければならないであろう。

剣法の師範家や流派はこうして勃興したのであるが、夕雲先生も指摘しているように、戦国の末期頃までは武士は合戦に忙しくてとても剣法を教習している余暇がなかったから、その時代の職業的剣法者は主として浪人だったということになる。その意味では先師が『日本剣道史』で論じているように、剣法は応仁の乱前後から民衆の自衛上の必要に迫られて、急速に普及したと見る説も一理あると思われる。

今までは力づくで斗り闘争した者が、防禦といふ件を考へると何とか特殊の術がほしい。敵が荒くれた獰猛な男でも、此方に術といふものがあったら、暗々と討れはしまい。昔話に聞く牛若が弁慶を制し、又熊坂を討ったのも技術である。然らば平人は技術を学び錬磨するに限る。これが此時代の民衆の希望であったらしい。随て剣術の発展は士人より寧ろ民間に発芽をなして居る。

（日本剣道史）

徳川初期の頃でさえ戦場往来の古豪は、剣者または剣法を小手先のお座敷芸として軽視したばかりでなく、むしろ蔑視する傾向があったことは、多くの物語や書物などに現われている。『甲陽軍鑑』に、高坂弾正の言葉として「戦場の武士は武芸知らずとも事すむべし、木刀などにて稽古するは太平の代にては切るべき者なきにより、その切様の形をおぼゆる迄のことなり」とあるなどは、その顕著な一つの例である。戦国乱世の豪の者は、剣の技術など無視して武運まかせ腕力まかせに、「槍も太刀も只棒の如くに覚えて敵を叩倒」(物徂徠『蘐園秘録』)していたであろうことは想像に難くない。

ところが、その腕力と武運のほかに、平生ひそかに剣法を修行していたものは、戦場で働く場合に息切れがしないという利点があることが、だんだんと一般に知られてきた。平生剣法を修行したからといって、別に非力の者が大剛の士にかならず勝てるというわけでもあるまいが、戦場を縦横無尽に駈け回っても呼吸が乱れないということは、武士たちにとって大きな魅力であったにちがいない。そんなことから剣法を専門に修行する武士がふえてきたが、このことは修行者の量的な増加という面よりも、その質的な向上、つまり呼吸の整正が、はからずも剣を術から道へと登高させた面において高く評価されなければならないと思う。

一体、呼吸を整えるということは、剣、禅はもちろんのこと、あらゆる芸道においてその要領をのみこむことを「呼吸を知る」という言葉もあるくらいの大事であるが、その割に案外重要視されていないのではないだろうか。現在の剣道場などでは、稽古の前後に形式的に数分間「正坐」をさせるようだが、特に呼吸についての指導が行なわれているようすでもない。今もって呼吸をやかましくいって、いわゆる「阿吽《あうん》の呼吸」を練らせるのは、直心影流の法定《ほうじょう》だけではないだろうか。

古代ギリシャの学者たちは、宇宙の霊気が呼吸によって生物の体内に入りこみ、それで生命があるものと考えて、それをプノイマと名づけたというが、そのプノイマとはもともと呼吸を意味する言葉だという。スピリット（精神）という言葉も、元来はラテン語のスピロすなわち息をする、という言葉から出たものだともいわれている。

わが国でも古来「息」と「生」は同音であるとともに、同義だと考えられている。『古事記』などに「息長《おきなが》」というような名が出てくるが、それはいのちの長い意味に用いられている。「長生き」とは「長息」のことだというのもおもしろい。人間の普通の呼吸回数は一分間におよそ十八回だそうだが、主として腹筋を利用し、腹圧を媒介とするいわゆる丹田呼吸を行なって静坐すると、早い人で一分間に五、六回、少し長くとつとめれば二、三回ぐらいになる。呼吸回数の少ないことは一回の呼吸の長いことだから、それだけ長息――長生きするというわけであろう。

東洋医学の大家、竹内大真博士は、調息によって丹田に力がこめられた場合の二つの効果について、次のように述べている。

その第一は、丹田に力がこめられ、腹圧が加えられると、そのために肝臓や脾臓に貯溜されている血液が駆出され、毛細管に血液を送り込むことによって、全血流に革命的な生理現象（第二の心臓の出現）を起す。（略）その場合、頸部神経叢を通って、脳中枢に赤血球に富む新鮮な血液を送る結果、呼吸中枢に作用して呼吸を鎮静させる。（略）第二は、腹圧（丹田）を媒介として、副交感神経系のコリン作動系統が働き出し、アドレナリン交感神経性反応過程の全体を、中和的に調整することである。

最近の化学的伝達説では、神経末端から分泌される化学的物質のアセチールコリンが減少する関係から、神経と筋肉の接触部に疲労現象が起ると云われているが、静かに丹田式呼吸を営んでいる場合、副交感神経系が刺激されて、アセチールコリンが適量に分泌されるから疲労が回復して心・身の条件を、晏如たるものに一転する。（止観行の意義と方法）

要するに心・身の条件を媒介し、調和するものが呼吸である。したがって、呼吸を調えることによって心・身が調和的に安定し、天台の『小止観』にいわゆる「神おのずから安穏に、こころ悦予を得ることができるわけである。「内心の堅固にすわる」ためには、まず呼吸を調えなければならない理由はそこにある。

武士達が息が切れないことから呼吸の大事に気付くと、やがて剣法の重要な教修課程として調息の修行をその中に取り入れることに思い至るのは当然である。道家の法や修験者の行法、さては天台の止観、禅家の調息法等が、ここに顧慮され出したであろうし、あるいは各自独特の「いき」「呼吸」「拍子」なども工夫されたであろう。

剣をふるうにも呼吸がある。綿々として尽きず、脈々として絶えないところの、止観にいう「息《そく》」の状態に心・身をやすらわせつつ、ここぞと思う瞬間にムーッと末広がりの強い呼気とともに打撃を加えるなどの技術的な呼吸ももちろんそれであろうが、同時に気息の調整は、おのずから心・身を統一し、無我とか三昧とかの心境に剣者を誘い込んだことも考えられる。天才的な一流の始祖とも呼ばれるほどの剣者は、そこに自らの本心を省発し開悟する機会をつかんだであろうことも疑いない。白井亨のようにハッキリ「練丹」という文字を使って表現した剣者はまれだとしても、口伝とか秘伝とか、または直心影流のように組太刀そのものに呼吸を織り込んだものも決して少なくないのである。

もちろん呼吸は狭い意味の「いき」だけに尽きるものではない。姿勢という場合の「勢」の字は「いきおい」であり、そのいきおいとは「息競《いきお》い」――つまりいきの生々躍動してやまない形だといわれるが、いずれにしても姿勢と呼吸とが密接な関係をもっていることはいうまでもない。したがって呼吸を論ずるとき、その心的な面として「呼吸」の媒介によって術が道に昇華したというならば、当然他の半面たる身的な面としての姿勢を論じなければ、偏頗の抽象論に陥ってしまう恐れがある。けれども、それは次章でふれたいと思うので、ここでは偏頗を承知で姿勢のことにはふれないでおくこととする。

2

その後、新兵器の出現によって、ひとり剣法ばかりでなく、広義の兵法はもとより、社会組織の全般にわたって大きな変革が行なわれるようになった。その新兵器とはほかならぬ鉄砲である。

鉄砲は天文十一年（一五四二）に渡来したといわれるが、その威力はたちまちに戦国武将あこがれの的になり、およそ三十年ばかりのうちに全国的に普及し、天正の頃にはこれを使用しない武将はなかったという。いかにこの新兵器が歓迎されたかは、その当時火器の数量をさぐることが間牒の主要な任務の一つとされていた、という一事をもっても知ることができよう。

いずれにしても南蛮渡来のこの新兵器の前には、これまでのように堀をめぐらした城もかならずしも難攻不落を誇るわけにはいかなくなるし、花やかではあるが重い甲冑ももはや絶対的な防禦の武器とはいえなくなってしまった。それよりはむしろ城を出て戦い、小具足の軽装で駈け引きの敏捷をはかるほうが、より有利だと考えられるようになった。ここに剣法も甲冑着用のいわゆる介者《かいしゃ》剣法から、素肌剣法へと大きく生れ変わる必要が認められてきた。そのためには、技術の上でも、稽古の方法についても、さらに防具や構え、体配りに至るまで、すべてに新しい創意と工夫とが施されなければならなかった。

これまでの甲冑に依存した介者剣法は、どちらかといえば防禦にかたむく風があり、したがって、その構え方も腰を落とし太刀の影に身をかくすといった形態のものが多く、行動も鈍重になりやすいし、また人体の構造から見てもやや不自然で、無理がないではなかった。鉄砲の弾《たま》は太刀の影にかくれても避けられないから、それよりはもっと自由自在に活動できる軽快な攻勢的な体構えや、先制的な太刀の運用法が主とされなければならない。

それと同時に、当然心法の方面でも飛躍的な発展が行なわれなければならない。そういう事情から天才的剣者の出現と相まって、剣法の革新、新流の勃興となったわけである。

その大きな特徴をひと口でいえば、いまも述べたように、消極的な防禦本位の「構え」に依存する「後の太刀」から、積極的な攻勢を主体とする「構え」に拘泥しないところの、宮本武蔵のいわゆる構えはあって無しとする「先の太刀」への転換であろう。

高坂昌孝の『剣術名人伝』の中に、

直心影と云ふ流派は至極の術にて、一ト勝負毎に居敷き、叉は箕踞してはグッと大息し、偖立合へば上段に取り、直に打つ気合になり始終先々となり廻はり居るなり。

と述べられているが、これはひとり直心影流のみの特徴ではなく、いかなる場合でも先を取るというのは剣法全体の精神とするところである。

ここで二つのことが考えられる。一つは今いった「先の太刀」の先ということ、もう一つはその「先」をいつでも取れるような、人体の構造上から見て自然にかなった構え、つまり姿勢ということである。「先」については前にその体、相、用にわたってやや詳しく述べたので、ここには姿勢についてだけ語ることにしよう。

姿勢のことについては、宮本武蔵が一番詳しく述べている。かれは『兵法三十五箇条』『五輪の書』『円明流剣法書』等に、「身のかゝりの事」として論じている。内容はいずれも大同小異であるが、その中で『五輪の書』が一番詳しいので、ここにはそれを引いておく。

一、兵法の身なりの事、身のかゝり、顔はうつむかず、あふのかず、かたむかず、ひずまず（注、ゆがまないこと）、目をみださず（乱さず）、ひたひに皺をよせず、まゆあひにしわを寄せて、目の玉うごかざるやうにしてまたゝきをせぬやうに思ひて、目を少しすくめるやうにして、うきやかにみゆる顔、はな筋直にして少しおとがひを出す心也、首はうしろの筋をろくに（注、まっすぐ、或は平らの意）うなじに力を入れて、肩より総身はひとしく覚え（力が平均するようにし）、両の肩を下げ、背筋をろくに尻を出さず、ひざより足先まで力を入れて腰のかがまざるやうに腹を張り、くさびをしむると云ひて、脇指の鞘に腹をもたせて、帯のくつろがざるやうにくさびをしむるといふをしへ有り、総て兵法の身に於ては、常の身を兵法の身とし、兵法の身を常の身とする事肝要也、よくよく吟味すべし。

まことに至れり尽せりの解説で、これがその当時の最高級の身体の持ち方だと見てよいと思う。これを読みながら一々その通りに自分の姿勢を調えてみれば、正しい兵法の身のかかりなるものがどういうものであるかがよくわかる。ただこの中で気になるのは「尻を出さず」ということだが、これは俗にいう及び腰にならないことと解すればよいのではないだろうか。

『正中心鍛練法』を唱道した肥田春充氏は、正しい腰の構えは、臍（A）から地平面と平行線をひくと第四腰椎と、第五腰椎の境（B）に達する。また（A）から垂直線を下ろして（B）と恥骨の接合点（D）を結ぶ直線を（C）において交差せしめる。こうしてできた（A）（B）（C）の直角三角形に内接する円を描く。その円の中心が正中心で、そこへ全身の力をストンと落とすことだといっている。

そのようにして中心に力点を置こうとすれば、どうしても腰を反らし、尻を思い切り後ろに引かなければそのような姿勢にはならない。だから武蔵が「尻を出さず」というのは、及び腰や、へっぴり腰になって、いわゆる腰くだけの状態に陥ることをいましめたものであろう。

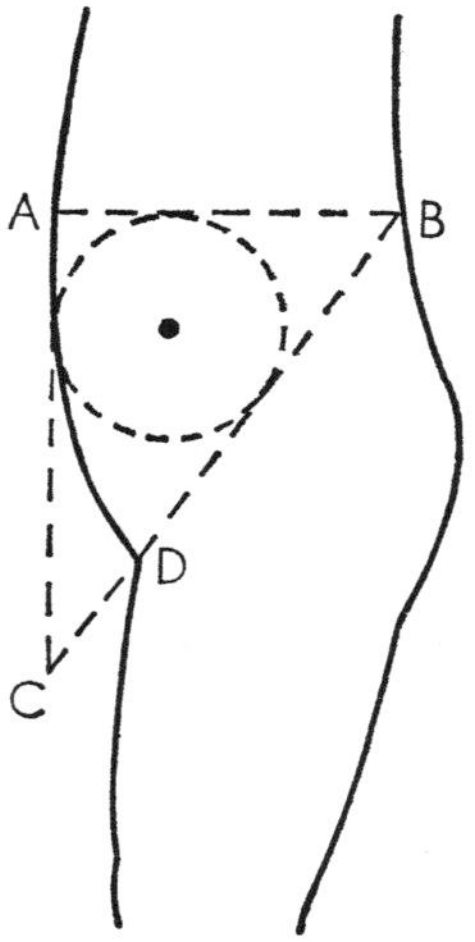

いずれにしても、武蔵は上記のような姿勢が、兵法の身なりであると同時に、それが常の身でもなければならないというのである。おそらく当時の心ある武士はこのような身のかかりで、寸分隙のない姿勢を常変ともに練成したものと思う。

肥田氏の正中心鍛練法でも、動作と呼吸の一致をやかましくいっているが、元来、正しい姿勢は正しい呼吸を離れてあるものではない。前にもいったように、姿勢とは姿という形相と、勢という息の競《きお》い立つ内容とが一つになった言葉で、姿勢を正し、姿勢を生かすものは、正しい呼吸なのである。呼吸の正されるところ、おのずから姿勢も正しくなる道理である。ということは、正しい姿勢でなければ、正しい呼吸ができないということでもある。両者が離ればなれになっては、そのいずれも正されるものではない。

さて、それではその姿勢を正すということに、どういう意味があるだろうか。

文学博士佐藤通次氏の名著『身体論』には、その間の消息について次のように述べられている。

躯幹を毅然として立てるのが身体者の本然の姿である。故に、人間の見識と品格とは、その姿勢を自主的に行ずるところに現れるほかはない。

人間は自己の直立をおのれ自身によって支へるのである。そのためには自己を支へる主体が自己の体軀のうちに現れなくてはならぬ。その主体が即ち腰である。もし腰に力の漲らぬときは、体軀は自己の中心をおのれ自身の中にもたぬこととなり、おのれの外なる地球の中心に引かれて、水ならば溢れんとするごとき五体散佚の相を現ずるであらう。かくしては、体軀が一の完結せる主体的生命であることの意義が失はれるのである。

そこで姿勢と呼吸を正しくすることが強調され、そして人間存在の論理的必然として、「腰に力を湛へて丹田呼吸を行ふこと」が、「人がその良心を磨ぎ澄ますとき」かならず到達すべき結論であり、「姿勢に対する配意は、わが体軀をして法身の表現たらしめるにある」とされる。

全身の調和がとれて、からだの一部分に全体に背く力のはたらくことがなく、この個身がいはば宇宙の〝全〟を表現するものとなるとき、人は個の身ながら個の〝われ〟を忘失するのである。それは、個のわれがいはば宇宙我といふごときものに高まったのである。しかも、個の我の忘失は、我の喪失ではなく、かへって本来の我の完全なる実現となるのである。（佐藤通次氏『この道』）

道元禅師は同様のことを『正法眼蔵・身心学道』の巻において、「身学道といふは、身にて学道するなり、赤肉団の学道なり、身は学道よりきたり、学道よりきたれるは、ともに身なり、尽十方界、これ箇の真実人体なり、生死去来、真実人体なり」と述べている。尽十方界即ち全宇宙を体とするような身であって、はじめて真実の人の体ということができるというのである。

釈尊が生誕のとき、一指は天を指し、一指は地を指して「天上天下唯我独尊」といわれたと伝えられているが、そのような天地のあるじとなる構えこそ、姿勢を正すことの究極の意義でなければならない。

古来の剣者は呼吸と姿勢を正すことが、このような「身学道」であり、「天地のあるじとなる」ことであるゆえんを知ってやったものかどうかはわからない。おそらくそうとは知らず、ただそれが剣の勝理を体得するもっとも能率的な方法であることを、経験の上から会得してそうしたものであろう。しかし、そうすることによっておのずから「身学道」の理にかなって「真実人体」を体得し、佐藤氏のいわゆる「本来の我の完全なる実現」をみたとき、剣の道はすなわち人間の大道であるとの自覚を得て、これを極意としたにちがいない。

「躾《しつけ》」という文字がある。この字は辞書をみれば明らかなように、日本で出来た国字である。礼儀三百、威儀三千、それが悉くからだの上に表現されるまでに訓練し、おのずからその身が美しくなるのがしつけというものであろう。山鹿素行の『武教小学』や『士道』を読むと、武士たるものの躾がやかましく説かれている。朝起きるから夜寝るまでの行住坐臥の四威儀から、言論応対に至るまで、武士の魂がにじみ出ていなければ「士の威儀」とはいえない。威とは「甚だおごそかにして人畏るべき形」であり、儀とは「其すがた人々皆のっとり手本に仕るべきによろしき」ものだと素行はいう。そのような威儀が整わなければ、武士として一人前の修行ができたとはいえないのである。いわば通身剣気に荘厳され、畏るべく、則るべき威儀がそこに備わってこそ、はじめて剣者としての「躾」ができ、「身学道」ができたものといえるのである。天地のあるじとしての姿勢が手に入れば、四威儀の間にその気が凛然としてにじみ出て、その身が美しくしつけられるのは当然でなければならない。

素行の『小学』や『士道』に匹敵するものを禅家で求めれば、道元禅師の『清規』ではないだろうか。そこには坐定のときの身の在り方から、顔の洗い方、口の漱ぎ方まで綿密に規定されている。おそらく通身禅気に荘厳されるべき「身学道」として定められたものと思う。古来、禅者には一種独特の煮ても焼いても食えないような面だましいがある（田中忠雄氏『生活の中の禅』）というが、禅気が身体的に表現されるときは、おのずからそうならなければやまないのだろう。

宮本武蔵が名古屋城下に到ったとき、向うから一人の武士が歩いてきたが、その姿勢や構えが凛然として只者ではない。そこで武蔵が「柳生兵庫どのか」と声をかけたら、その武士はニッコリうなずいて「お手前は武蔵どのか」といったという話がある。本当のことかどうかは知らないが、剣と禅とを問わず、その境涯がかならず身体的に表現されることから思えば、当然あり得ることである。

3

以上のような推移が剣法発達の過程に考えられるが、しかし息、身の上におけるこのような覚証だけで、大道は決して完成するものではない。最初に述べたように、その心的な面としては、他力的依存から自力的・主体的なものへというか、人間以上の威力への信仰あるいは依存から、人間の自らの本性の尊重へ――いいかえれば外から内へと心の眼が大きく転回されたことも見落としてはならない。

トーテム的な威力や、神の示現、仏の加護というような外的権威を根源とするものは、文教が進み人智の開けるに従ってだんだん少なくなるのは当然である。そして人間自体のいのちの実相を見究め、その根源的なものから直に流露してくる剣法にまで進んだとき、はじめて剣道即人間道といえるわけである。しかし、ここには針谷夕雲のいわゆる「常住不変の心」に基づくか「意識」に基づくかで、真偽の分かれることも忘れてはなるまい。夕雲は意識我慢の増長をもって「兵法を芸にし」、「兵法の所作に妙不思議」をたくむものを「畜生心、畜生兵法」と呼んでいるが、いかに外的権威に依存しないからといって、そのような「畜生心」、いいかえれば分別揀択《けんじゃく》の意識に立っていたのでは、いくら技術的には達したとしても、しょせんは「畜生兵法」にすぎない。

その分別揀択の意識を破るには、毒をもって毒を制すで、「一心生死を放って」（一刀斎先生剣法書）攻撃三昧になりきり、両刃鋒を交えて避くるを須いず、八識田中、即ち自我意識の根元に一刀を下してこれを否定し抹殺するほかに方法はないのである。禅でいうところの大死一番である。そこに心・息・身が一如し、気・剣・体が一致して、剣の道源に到達することができる。夕雲が「内心の堅固にすわる」といったのは、漠然とした抽象的な、そして身体と相対的な心のことではなくて、心とともに呼吸も姿勢もドッシリとすわる――心・息・身が三位一体的に渾然として安定調和したことでなければならない。それでなければ、決して「堅固にすわる」とはいえないはずである。ここに至って直心影流の丸橋が「立禅の本体」だといわれることも、よく了解できるわけである。剣・禅全く差別はなく、天地のあるじたるわれが剣を提げて立てば剣道であり、剣を捨てれば禅道である。両者は本来一如一体のものなのである。

なおここに忘れてはならないことは、宮本武蔵が『五輪の書』に「太刀は兵法の起る所也」といっているように、剣道は刀剣を離れて考えられないということである。剣の道は日本刀とともに起こり、日本刀を中心として発達したものといってよいのである。

「刀の手前」という一言が、いかに士人の生涯を荘厳したかは、実に想像を絶するものがある。『古事記』に、われらの先祖が神から世界開拓の使命を仰せつかったとき、その要具として天之瓊《あめのぬ》矛《ほこ》なる剣《つるぎ》を授けられたとある。すなわち、日本人にとって刀剣は、神から発したものと考えられていたのである。また『平家物語』に、多田満仲が初めて武家の統領となり、天下を守護せよとの勅宣を蒙ったとき、かれは「天下を守るべき者は、良き太刀を持たでは如何せん」といって、良工を集め苦心して製作した末、鬚切・膝丸の二名刀を得て、天下守護の任を果たしたとある。古人はそれほどまでに刀剣に対して深い畏敬をもち、これを神器として尊び、武士の魂として重んじたのであった。したがって、かれらはその自らの魂と畏敬する「刀の手前」に対しては、あくまでも恥なきを期し、また身命をかけることも辞するものではなかった。

剣道は一面からいえば、刀剣そのものの本性に従ってこれを運用操作する道であるから、「私意の才覚を用ひて其道によらず」（天狗芸術論）刀の本性に反するときは、刀と我と争って二つになり、到底死中に活を得る妙用は発揮できないであろう。とすれば、剣者の抱く刀剣観は、当然剣道そのものの発展の方向を規定する力として作用することも考えられるはずである。「刀の手前」は、かくて剣の道を規制し、剣者の生涯をも律することになる。

生と死とは人生を荘厳する二大矛盾である。人生の事として、生死の巌頭に立つほどの大きな問題はまたとあり得ない。その一大事を武器として、おそらくこれほど簡単素朴で、同時に森厳神秘なものはないと思われる三尺の秋水に託して決するものが剣道である。剣者の生涯は、かくてしょせん剣を離れては考えられないのである。その意味からは、一如した心・息・身が、渾然として剣そのものの中に姿を没し去ることが剣の道だと言ってもよいのである。どうしても剣と禅とは、離れ離れに分かれて生きることはできない運命のもとにおかれているようである。

乱世には戦場での必要としての斬り合いを第一としたものが、このようにして戦国末期から江戸時代初期にかけての剣法の完成期に入ると、兵道の本源を究めることによって心身を治め、道義の剣を磨くことが第一義とされるようになったのである。しかし、徳川幕府の右文左武の治世策と世禄の固定化とは、その後、だんだん剣法を衰頽に導き、元禄、享保頃にはその底をついた感があった。

現在行なわれている剣道は、明和、安永頃からはじめられた一種の末技的な速成法であって、日本固有の剣法の真姿は全く失われてしまっている。寛政頃からのち、露艦が北辺をおびやかしたり、黒船来の声が全国に衝撃を与える等のことがあって、再び真剣になった時期もないではなかったが、先師も『日本剣道史』に述べているように、榊原鍵吉、山岡鉄舟を殿後の二名人として、日本固有の剣法は一応幕を閉じたと見るべきであろう。

健康法ないしは競技法としての、いわゆるスポーツ剣道にも、それはそれとしての在り方があろうけれど、本書のように禅との表裏一体的関係において見る剣禅一如の立場からは、一応対象の外とするほうがよいと考え、本書ではどこまでも剣法を生死決定の道として論じたわけである。

十四　むすび——あるべき剣道

1

『参禅入門』の末尾でもちょっと触れたが、ロンドンのB・B・Cテレビ局のレゲット（T.R.Leggett）さんは、柔道の大家で、日本の武道家の間ではかなり有名である。この人には“The First Zen Reader”という禅に関する著書もある。

そのレゲットさんが、数年前に来訪されたとき、こう言われた。

「私は日本人では、宮本武蔵をいちばん尊敬している」と。

「なぜ？」と私がたずねると、彼は、

「武蔵は、日本文化の特徴を、もっともよく具現しているから！」

と答えた。そこで私が、

「日本文化の特徴とは？」

と、突っこんで聞くと、彼はおおよそ次のようなことを言った。

「日本文化には、その根底に〝道〟という原理がある点が特徴的だ。武蔵は剣を学ぶことによって、五十歳の頃ついにその道を体得した。それからは特別に師につかなくても、画も書も彫刻も金工も、何でも一流のものが創作できた。ところがヨーロッパの文化には、その〝道〟がない。だから画は画、音楽は音楽、スポーツはスポーツと、それぞれがバラバラで、その根源において統一するものがない。そのために今や崩壊しようとしている」。

私は「猫の妙術」（一四二頁参照）の中にも書いたとおり、こういった言葉を額面通りに受けとるものではない。いくら道を体得したからといって、全然やったこともない技術が完全にこなせるなどとは毛頭考えてはいない。けれども、もしその本末を論ずるならば、あくまでも技法は末で道が根源である。殊にあらゆる分野の技芸の根源にあるところの〝道〟が体得されなければ、すべては手段化されてしまい、徒労に終るほかはないと思っている。

技術的な武技、あるいはスポーツとしての武術は、それ自身に目的価値があるものではない。それを行なうことによって身体が丈夫になるとか、興味があるとかいうことはあるだろうが、それは何らかの目的を達するための手段としての副次的な価値しか持たないのである。仮りにそれを武道と名づけたところで、その場合の〝道〟なるものは第二義的の手段としての意義しか持たないであろう。本来の武道は、そうではない。人間の道そのものとして、それ自身に目的価値を持つところの尊厳なる第一義諦なのである。

武道の技術が実戦的意義を失った現代では、野球や水泳などと同じように、武道も次第にスポーツ化していくことも、またやむを得ない当然の勢いかも知れない。けれども、その精神においては、あくまでも武道本来のものを失いたくないとおもう。

少年時代から剣を学んだ私は、いわゆる〝当り頃〟になって、こんなことをやっていていいのだろうかと、剣に疑問を持つようになった。そんなときにある雑誌で、山田次朗吉先生の『剣道一夕話』という論文を読んだのである。私は、その論文を今でも大切に保存しているが、そこには「今日、普通剣道と称せられているものは、剣術である。剣術はいわゆる術であって技芸のひとつであり、絶えて剣道ではない」という書き出しで、「剣道を弁えることによって、人は天地の大道に直入すべきである」ことが強調されている。そして剣道とは、「斬り、打つ、突く、押ゆるの時にあらずして、却って酬酢の中にあり」と、その真義が述べられている。

爾來、私は山田門下として、その人間の道としての剣道を学んできた。

2

一九七〇年（昭和四十五年）、第一回の世界剣道選手権大会が東京・名古屋・大阪の三カ所で行なわれた。それに参加したヨーロッパ圏の団長の二、三の人は、試合を終って帰国するに際し、全日本剣道連盟会長木村篤太郎氏を訪問して別れの挨拶に、こう言ったそうである。

「私たちは野球だとかラグビーだとか、かつてそれぞれのスポーツをやったものばかりである。それが剣道に転じたのは、剣道はそれらのスポーツができないような年齢になってからもできるからだ。私たちは日本の若い選手たちと勝敗を争って、選手権をとろうなどとは考えていない。本当の剣道を学ぶことによって、日本の古武士のような風格を身につけたいためにやるのだ」と。

これを聞いたとき木村会長は、非常なショックを受けたという。

「いま剣道人口は、恐らく史上最高の数に達しているだろう。けれども自分は未だかつて剣道修行を志す青年の口から、このような言葉を聞いたことがない」とは、当時、木村会長から直接に承った話である。

自決した三島由紀夫氏は、全剣連の参与であったが、読売新聞（昭和四五・一・二〇）にこう書いたことがある。

「かつてアメリカ占領軍は剣道を禁止し、竹刀《しない》競技の形で半ば復活したのちも、懸声をきびしく禁じた。この着眼は卓抜なものである。あれは、ただの懸声ではなく、日本人の魂の叫びだったからである。彼らはこれをおそれ、その叫びの伝播と、その叫びの触発するものをおそれた」。

私は三島氏の「この着眼は卓抜」だとおもう。いまの剣道が、占領政策によって去勢された竹刀競技の延長だ、というつもりは毛頭ない。しかし、少なくとも山田先生の文章にあったように、「いわゆる術であって技芸のひとつで」あるといって差支えないものだとはおもう。それは「絶えて剣道ではない」とまではいえないにしても、「天地の大道に直入すべき」ものだとは決しておもわれない。従ってそれは「斬り、打つ、突く、押ゆる」ものではあっても、私どもの日常の「酬酢（応対）の中」には見られなくなっている。私の考えによれば、剣の道は大丈夫の事である。占領軍は、その剣の道から大丈夫の魂を抜こうと試みたかも知れないが、抜かれる前にみずからその魂を放棄したのは剣道者それ自身ではなかったろうか。

岡井藤志郎という人の「天皇陛下と山田次朗吉」なる文章によれば、山田先生は「いつまでも子供の相手はしておれぬ」と、こぼされたというが、山田先生ならずとも剣道者はいつまでも精神年齢十二歳でいていいはずはあるまい。

3

人間が地上に姿を現わしてから何万年経ったのか、何億年になるのか、それは知らない。恐らく中世以前の人たちは自然の一部として、自然とともに生きたことだろうとおもう。それが近世に入ってから、自然は人間によって征服されるべき対象と考えられ、自然征服のために知識と組織とが尊重され、自然征服の方法として科学・技術が発達した。いまや、その科学・技術が最高の水準に達したと考えられるとき、征服されたはずの自然は牙をむいて逆に人間の生存を拒否しだしたかに見える。

一方、倫理・道徳・芸術・文化・宗教などの文化面においても、ほとんどその究極に達したといっていいほどにまで進んだ現在、新聞をひらけばそこには毎日のように戦争・クーデター・殺人など、血なまぐさい闘争の記事を見ない日とてはない。

しかも一瞬にして人類が絶滅しかねない物騒きわまる究極兵器を抱きながら、平和、平和と叫びまわっている現代人の焦燥ぶりは、いったい何を物語っているのであろうか。

畢意それは根源的には、自然は人間によって征服されるべきものであり、すべては人間のために在るのだとする近代的人間中心主義、ヒューマニズムという虚像に蝕まれたための公害である。現代の最大の課題である公害とは、この意味において一企業や一会社の問題ではなく、実に近代文明史上における文明の質に関わる問題だといってよい。

そのように宇宙の中心的な存在として、一切はそのためにのみあるとするほどに尊重される人間とは、いったい何なのだろうか。

人間は、もとはアミーバから進化したものなのか、それとも、類人猿より毛が三本多いだけのものなのか、それは私にはよくわからない。しかし、少なくとも単細胞的存在でないことは確かである。どうやらそういう低次の進化の過程を、完全に離脱してしまったものではないようである。それらの過程を内に包み込んでいるからこそ、植物的な細胞も持っているのだし、野獣のような性質も持っているのではないだろうか。いわば物質でもあり、動物でもあり、人間でもあり、さらに仏性をも持っているといった、重層的というか、統一的というか、そんな構造を持ったものが人間ではないかとおもう。だから、人間の世界には物の世界に通用するような物理的な法則も行なわれているのだし、動物の社会に行なわれている生物的法則も通用する。同時に人間だけが持つ人格的法則もある。そしてその奥底には仏の世界さえもある。

このために、たとえ神仏のように高邁な人格者でも、他の生物の生命を奪わなければ一日も生きられないのである。どんなに清廉で無欲な人物でも、地下の水を無償で盗み、空中から空気を無断でかすめとり、太陽からエネルギーを奪わなければ、一時たりとも生物としての生命を維持することはできない。人間は、このように誰でも生存するためには不可避的に殺生罪を犯し、窃盗罪を犯しているのである。それをもし原罪というならば、誰しも原罪を負っているのである。それを魚や牛豚は人間の副食物として神が与えたものであり、米や野菜は主食として私どもに与えられたものだ、水や空気や太陽光線は人間の生命維持のためにだけあるものだと考えるのは、自分勝手の我がままにすぎはしないか。そもそも近代的人間中心主義というものは、重層的・複合的存在であり、本来的に弁証法的構造を持った人間存在の中から、単に動物性だけを抽象して、その部分を〝人間〟だと強弁するところの虚像ではないのだろうか。

しかもその動物的〝人間〟が、「神は死んだ」として抹殺し、自らが中世における神の座に坐っているというのが、人間中心主義なるものの実体ではないだろうか。

4

さて、ここで本書に描かれた古剣客の相貌を想起しながら、次に挙げるような彼らの言葉の二、三を、しばらく反芻して頂きたいのである。

針谷夕雲が、古来から剣の極意とされた〝相打ち〟をすら、なお畜生兵法といったのは何故だろうか。また直心影流で「後来習態の容形を除き、本来清明の恒体に復するにあり」としたのはどういう意味か。『葉隠』に「武士道とは死ぬることと見つけたり」というのは、何のことか。無刀流において立切り誓願が、なぜ免許の必須条件とされたのだろうか。

それらは悉く、人間が持つところの動物性を打倒し、克服するためであることは、そのつど述べてきたつもりである。それは無機物・動物・人間・仏性という重層的構造のうちの普遍的人格性、あるいは仏性をもって、他の諸層を縦貫させることが、そのねらいであったのである。

人間が不可避的に持つ動物性を打倒し克服するということは、それを根こそぎ掃滅してしまうことではない。それを越えることによって、却って逆にそれを高い立場から包み転回させて、真の意味で改めて活かすことである。

『葉隠』は、戦時中以来ずいぶん誤解されているが、たとえば「武士道とは死ぬることと見つけたり」ということでも、長い文章のうちからこの言葉だけを取り出せば、たしかに早く死んでしまえという狂死の教訓である。だが、それにつづく文章を見るがいい。

「凡そ二ッ一ッの場合に、早く死ぬかたに片付くばかりなり。別に仔細なし。胸すわりて進むなり」とあるではないか。そしてこの章の末文には「毎朝、毎夕、改めては死ぬ死ぬと、常住死身に成っているときは、武道に自由を得、一生落度なく、家職を仕果すべきなり」ともある。

これをただ単に「早く死ぬ」こととばかり解するのは、いわゆる短絡にすぎるか、または敗北主義というものではないだろうか。私にはこの言葉の底から、「仏道を習うとは自己を習うなり、自己を習うとは自己を忘るるなり」とか、「身をも心をも放ち忘れて、仏の家になげ入れて」とかいう、道元禅師の教えが聞こえてくるような気がしてならないが、そう聞くのは聾の早耳であろうか。

〝武士道〟という古来から伝統してきた道の中に、身をも心をも投げ入れて、自己を忘れ去って死一枚になりきるとき、小なる自己は武士道そのものに換骨脱胎して、大きな生命として活きてくるのである。

自己保存は、押しなべて生きとし生けるもののひとしく持つところの本能であるが、もしその本能だけを活《い》かそうとすれば、それは畜生兵法に堕するほかはない。それに反し道元禅師のいうように、「身をも心をも放ち忘れて仏の家になげ入れて、仏のかたより行われて、これにしたがいもてゆくとき、力をもいれず、心をもついやさずして、生死を離れ仏となる」で、真の武道が活現してくる。死一枚になって武道の中に自己を没し去るとき、死に徹することによって死を超脱した世界に入り得るであろう。宮本武蔵が「巌《いわお》の身」と称した、磐石不動の身心はそれを言ったものではないだろうか。

『葉隠』の「死ぬることと見つけたり」とは、その大活現成の道であり、逆に永遠の生命に生きる絶対的勝利の道だといってよいであろう。

無刀流の「立切り」が自己打失の修行であることは、「独妙剣」の章に詳しく述べたが、そこでも言ったように、「後来習態の容形を除」いて自己を完全に打失しなければ、「本来清明の恒体に復する」ことはできないのである。

「後来の習態」とは、その文字のままに解すれば、生まれてからこのかた習い覚えた習癖的容形という意味であろう。しかしユングの集合無意識の説や、仏教の唯識論における含蔵識の理論をまつまでもなく、常識的にいって私どもは遺伝体質のほかに、母胎内にあるとき既に母の居ずまいによる影響を受けて、体格姿勢を規制されているはずである。その他、成長過程におけるおむつの当て方や母親の抱き癖等々によって、体勢に偏向を生じているのは当然である。

心理的にも胎内にあるときの母親の心の状態、乳幼児時代の母親の思考・行為などが深層心理に記録されているということもあろう。そのような身心両面の他からの影響・感化がその人の「後来習態の容形」となるのである。禅の立場からいえば、それが「我《が》」というものである。白隠禅師が「八識田中に一刀を下す」と言ったのは、その「我」を否定・克服することにほかならない。前の人間の重層的構造中の動物性、または近代的な人間中心的立場を超克しなければならないと言ったのも、それである。

針谷夕雲の道統上の曽孫である川村秀東が、「争うものあれば相打なり」と言ったことは「無住心剣」の項（三三頁）に書いたが、それはそこにまだ自他の対立があるからである。動物には食うか食われるかの自他の対立を、ついに超克することができない。人間はそれを脱け出して、生死の相対を絶対に生に転回することができる。夕雲が相打ちをまだ畜生兵法の埒内のものとしたのは、その意味においてである。そこでは形は人間であっても、心境においてはまだ動物の境位を脱出していないのである。

武道とは、死を通じて大活を現成し、永遠の生命に生きる人生の一大事であり、その体験である、と私のいう所以である。そこに至らないものは、武術ではあっても武道ではない。

5

しからば武道・剣道などという、その「道」とは何であろうか。

『中庸』に「天命これを性《せい》といい、性に率《したが》うこれを道といい、道を修むるこれを教という」とある。天も外在的なものから内在的なものへとの深化があるとおもう。そしてついにそれは人間の本性であり、さらに天地人を一貫するところの根本的原理であるとされた。そのような人間自覚の極点において見られた神聖なる根本原理が、私どもの生命の根源であり、人はそれを先天的に持って生まれているというのが、「天命これを性という」ことであろう。

〝性〟の字は、今では専らセックスの意味に用いられるが、その本来の意義はそうではない。「生まれながらに持っている心」である。禅的にいえば、仏性といってよいであろう。その生まれつきの心のままに活きてゆくのが〝道〟である。その道の修行鍛錬が〝教〟というものである。

したがって道なるものは「須臾《しゅゆ》も離るべからず」で、道を離れて我れなく、我れを離れた道はないのである。道と我れとは本来一体である。「離るべきは道に非ず」、一瞬の間でも人は道を離れられないのである。古人は道と人との関係を、魚と水の間柄に譬えている。道元禅師も『現成公案』の巻の中で、「魚もし水を出れば、忽ちに死す。以《い》水《すい》為《い》命《みょう》しりぬべし」と言っている。山田次朗吉先生が、剣道は「斬り、打つ、突く、押ゆるの時にあらずして、却って酬酢の中にあり」と言われた意味を、ここにおいて把握すべきではないだろうか。

〝酬酢〟は、本来主客の間で杯をやりとりすることだというが、人生のことはすべて主客の間での呼応酬酢でないものはない。山田先生は、しばしば道場の入口に立っていて、死足で入ってくるものがあると、その脛を一撃して、「剣道は道場に入り、防具をつけてから始まるものではないぞ！ 朝から始まっているのだ」と言われたが、朝からどころか生まれぬさきから始まっているのである。わが直心影流第六世、高橋重治は、「兵法は立たざる先きの勝にして、身は浮島の松の色かな」と詠じているが、そこに酬酢の根源があるだろう。

鈴木正三道人は、『驢鞍橋』の中で言っている。「諸芸みな禅定の機をもってなすことなり。就中、兵法などは抜けた心にて使わるべからずと、自らキット太刀を構えたる模様をなくして曰く、みなこれ禅定の機なり。然れども兵法者は使うときばかり禅定にて、太刀を置くと早や抜けるなり」と。

剣術ならいざ知らず、剣道というからには、ただ道場の中で「斬り、打つ、突く、押ゆる」の剣技を闘わすときばかりでなく、主・客が相呼応し相酬酢する日常一切の生活の場において、この禅定の機を持続できなければならない。もしそうでないならば、その人は剣術使いではあっても、断じて剣道者ということはできないであろう。

かくて私はいう。剣道とは、自己を真実の人間として形成する身心学道である、と。

そして心学道としては、最低、道元禅師のいわゆる「仏道を習うというは自己を習うなり、自己を習うというは、自己を忘るるなり」と覚悟し、精一無雑、必死三昧、身をも心をも放ち忘れる心法上の工夫が必用である。

身学道としては、姿勢を正し、呼吸を正して、つとめて後来習態の容形を除き、本来清明の恒体に復すべく、古人のいわゆる剣は瞬息、心気力一致の境を、懸り稽古や立ち切りで具体的に身体で学道すべきである。

そうしてこそ、はじめて仏心もしくは普遍的人格性を、重層的構造の末端まで浸透し縦貫することができ、この赤肉団を至大至剛の巌の身として現成することが可能だ、と確信するものである。

いまでは主として知識を詰めこむことを〝教育〟としているが、古来の道を修めるところの教えは、逆に伏在する能力を抽き出す Education でなければならないと思うが、どんなものだろうか。私は剣・禅ともに、そのようにして真実の人間を形成する道だと考えている。

著者略歴

明治37年　山梨県に生まれる。
大正12年　日本大学修。
大正14年　この年以来、京都天龍寺関精拙に参学。
昭和９年　直心道場を創立、終戦の年まで武道を教授す。
昭和21年　天龍寺管長関牧翁に得度を受け僧籍に入る。
昭和23年　東京高歩院住職。
昭和53年　花園大学長となる。
平成６年　示寂。
著書――『参禅入門』『書と禅』『禅の高僧』『臨済録講話』『毒語注心経』
『山岡鉄舟』『剣と禅』（以上、春秋社）

剣と禅

1983年６月20日　初　版第１刷発行
2008年７月10日　新　版第１刷発行
2022年12月20日　新装版第１刷発行

発行者　神田　明
発行所　株式会社 春秋社
〒101-0021　東京都千代田区外神田2-18-6
電話　03-3255-9611（営業）　03-3255-9614（編集）
振替　00180-6-24861
https://www.shunjusha.co.jp/
印刷所　株式会社 平河工業社
製本所　ナショナル製本協同組合
装幀者　鎌内　文

ISBN978-4-393-14442-8　　Printed in Japan
定価はカバー等に表示してあります